A trajetória de Maria Galisteu

Uma médium brasileira

Claudio Machado Lotufo

A trajetória de Maria Galisteu

Uma médium brasileira

MADRAS

© 2002, Madras Editora Ltda.

Editor:
Wagner Veneziani Costa

Produção e Capa:
Equipe Técnica Madras

Ilustração da Capa:
Equipe Técnica Madras

Revisão:
Valéria Oliveira de Morais
Letícia Silva

ISBN 85-7374-562-2

Proibida a reprodução total ou parcial desta obra, de qualquer forma ou por qualquer meio eletrônico, mecânico, inclusive por meio de processos xerográficos, sem a permissão expressa do editor (Lei nº 9.610, de 19.2.98).

Todos os direitos desta edição reservados pela

MADRAS EDITORA LTDA.
Rua Paulo Gonçalves, 88 — Santana
02403-020 — São Paulo — SP
Caixa Postal 12299 — CEP 02013-970 — SP
Tel.: (0_ _11) 6959.1127 — Fax: (0_ _11) 6959.3090
www.madras.com.br

AGRADECIMENTOS

Gostaria de expressar minha profunda gratidão a Magna Márcia Martins pela idéia de prestar uma homenagem a Maria Galisteu, entregando-me um acervo de psicografias e poesias havia muitos anos guardados.

Meus sinceros agradecimentos a Luiz A. de Araújo, pela colaboração, pela leitura cuidadosa e revisão crítica de todo o trabalho. Suas opiniões e sugestões foram imprescindíveis nesta obra.

ÍNDICE

À Guisa de Prefácio 9
Introdução 11
O Primeiro Encontro 13
    A chegada dos Galisteu ao Brasil 14
    O encontro com o Espiritismo 16
Outras Perdas 19
    O Crescimento dos Trabalhos Espirituais 23
    Quem é esse Caibar Schutel? 24
Recomeçando 27
    Uma conversa com Jesus 28
    Lições da vida e dos espíritos 31
    A visita ao Chico — o encontro emocionado 37
Novas Provações 39
A Fé e a Esperança 43
    O trabalho com Jésus Gonçalves 44
Convivendo com uma Grande Médium 47
    Cabocla Sertaneja 49
Comunicações 51
    Meimei 51
    Joana de Ângelis 52
    Guaraci 57
    Itajubá 58
    Chico Viola 58
    Vicente Celestino 59
    Irmã Nadir 61

Bezerra 62
Padre Belardino 63
Comunicações de Encarnación (mãe da autora) 65
Augusto Vieira 69
Nadir 69
Irmã Seixa 70
Comunicações do amigo Estrutor — Jésus Gonçalves 70
Cairbar de Souza Schutel 78
Algumas Poesias Inspiradas por Maria Galisteu 99
Maria e João 99
Cabocla Sertaneja 100
Garoa 101
Namorados 102
Olhos negros 103
Ilusão 104
Estrela 105
Raio de sol 106
Preta Véia 107
Poesia em Homenagem ao Dr. Bezerra de Menezes 108

À GUISA DE PREFÁCIO

"Mas o que profetiza fala aos homens, edificando, exortando e consolando."
(I Coríntios, 14:3)

    Fomos convidados a fazer o prefácio desta obra em conjunto, a quatro mãos. Parece estranho, mas é coisa inédita, então vamos lá! Como característica literária, este livro é uma biografia. Mas como obra, não é uma simples biografia: é uma fotografia viva de uma vida de sacrifícios no plano material, mas também de realizações e de edificação no plano do espírito.
    Ressalta das linhas do livro a figura de uma criatura denodada, autodidata, com luzes interiores que lhe faltaram nos olhos cegos do corpo. Sem dúvida alguma, transparece que a "dona" Maria Galisteu jamais qualificou suas agruras como expiação, como também jamais esmoreceu qualificando seu calvário como provas vencidas ou a vencer: transformou tudo em missão, arregaçando as mangas da boa vontade, trabalhando em favor dos desvalidos e dos deserdados do mundo — conforme recomendara Jesus a quem quisesse tomar sua própria cruz e segui-lo.
    A narrativa de Claudio — que não arrefeceu o ânimo, anos e anos indo e vindo a Juquiá centenas de vezes, gravador em punho, viajando constantemente com ela e não perdendo uma só palavra, um só ensino dela, ao seu lado no automóvel — não induz ficarmos com pena ou constrangidos com os percalços físicos ou financeiros

da menina e da mulher Maria Galisteu. Não, ao contrário: passamos lendo fácil, fácil por essa jornada, para despontar na trabalhadora incansável da seara dos espíritos. Sua mediunidade aflorada, foi-se depurando cada vez mais, curando aqui, consolando ali, reerguendo acolá, alegrando milhares de corações com o seu jeito ao mesmo tempo simples e apurado de dizer as coisas, sempre pontilhadas de coragem e alegria jovial.

Lição de vida. Lição de trabalho. Lição de entusiasmo. Lição de dedicação mediúnica e de empurrão para os iniciantes nas lides do espírito e para os desanimados da vida.

Vale a pena virar esta página e ler a obra: simples, clara, direta, eficaz.

Resta-nos dizer obrigados, "dona" Maria, por nos dar a honra de partilhar a caminhada na estrada desta sua encarnação.

Enfatizamos *obrigados* Claudio, por retratar a encarnação dela e nos legar o resultado com sensibilidade, seriedade e respeito.

Obrigados, amigos Espirituais que inspiraram e inspiram sempre a ambos e a todos os tarefeiros do bem.

"Obrigado, Samuel, pela parceria amorável neste prefácio."

"De nada, Gabilan. Que tal ler, lá na assistência espiritual, o Castro Alves saído do lápis da "dona" Maria?"

"Consegui o que queria, após uma longa espera, e agradeço feliz aos irmãos da nova era."

"Segue em frente meu amigo, trabalhador de Jesus, ensina a humanidade a carregar sua cruz."

Samuel Angarita & Francisco Gabilan

INTRODUÇÃO

Conheci Maria Galisteu numa reunião espírita em 1994. Sua vida, sem dúvida, é um exemplo. Apesar de todas as dificuldades que a vida lhe impôs, com a perda da visão e grande parte da audição, ela devolveu ao mundo amor, dedicação, exemplo de força e coragem capaz de contagiar até o mais endurecido dos seres.

Com nosso tempo de convivência, percebi que seu trabalho precisava se tornar mais conhecido, bem como sua vida e suas comunicações com o mundo espiritual. Afinal, elas fizeram tão bem a muitas pessoas nesses 50 anos de dedicação à causa cristã desde que se integrou ao Espiritismo, que seria necessário registrar e contar isso numa obra para permitir o acesso a mais pessoas.

Num fim de semana que passei em Juquiá, Magna, uma das filhas de João, falou-me na idéia de escrever sobre Maria Galisteu. Mostrou-me diversos cadernos e folhas soltas, com comunicações e poesias recebidas de entidades, que ela vinha guardando ao longo dos anos, inclusive algumas gravadas por amigos. Foi assim, no esforço de transcrever e analisar esse material, que surgiu a idéia de prestar uma homenagem a Maria Galisteu e à obra que ela vem realizando incansavelmente em cada momento da vida.

O objetivo deste singelo trabalho é mostrar que a nossa doutrina não tem dono, pertence ao Plano Maior. É por meio de espíritos incansáveis como este que temos a oportunidade de crescer nos ensinamentos de Jesus, o nosso governador planetário. E é com uma existência de luta e muita vontade de viver que a nossa companheira nos ensina a enfrentar as dificuldades da experiência terrena, cumprindo os resgates e as provas desta encarnação.

Quando as pessoas sentem que as coisas estão difíceis, encontram em Maria Galisteu um porto seguro de palavras que acalmam o espírito e trazem esclarecimento do mundo espiritual. Também não podemos esquecer as entidades sofredoras que se serviram da sua mediunidade de incorporação e se esclareceram e doutrinaram nesses mais de cinqüenta anos de labuta.

Tenho certeza de que todo este trabalho veio do plano espiritual da mesma forma como ela recebeu as poesias e comunicações. A própria inspiração da biografia de Maria Galisteu veio do alto, quando os amigos espirituais me colocaram no seu caminho e quando Magna, uma das filhas de João, me apresentou todo o material guardado.

Agradeço a Deus por ter me dado a oportunidade de prestar esta homenagem à nossa querida companheira e, mesmo carecendo de qualificação, ter tido essa luz; graças à saúde e à condição que a doutrina dos espíritos me deu para contar a história de uma pessoa maravilhosa que tanto tem me ensinado a viver dentro da minha pequenez; a procurar entender mais os outros e a ser mais rigoroso sobretudo comigo, respeitando todos os irmãos de caminhada.

Eu lamento quando vejo pessoas bem-sucedidas no plano material, pessoas premiadas pela bondade do Pai, que nasceram com saúde, inteligência, beleza física e condição social favorecida, subestimando o Criador e esquecendo-se de que podiam ter sido escolhidas pela dor para acertar as suas provas nesta existência. Estas pessoas estão perdendo uma grande oportunidade de viver o dom da vida por meio da reencarnação.

Obrigado, Pai Criador, obrigado amigos espirituais, obrigado ao nosso querido Mestre Jesus, por ter me feito conhecer os seus ensinamentos e por me haver permitido colocar em prática aquilo que é possível dentro das minhas imperfeições. E obrigado a minha mãe, aos meus familiares e a Maria Galisteu, pois, sem vocês, eu não seria nada.

Claudio Lotufo

O Primeiro Encontro

Certa noite, quando as estrelas começavam a brilhar, algo de bom estava predestinado a acontecer nesses encontros que o Pai de amor e de bondade nos proporciona para a nossa caminhada evolutiva no progresso universal. Infelizmente, não recordo o dia e o ano, é uma pena, pois a alegria e a luz que este acontecimento propiciou foi de grande importância para muitas pessoas que tiveram o privilégio de participar desse banquete de aprendizado moral e espiritual com uma verdadeira mestra na vontade de viver, que ensina o quanto é importante evoluir com a oportunidade da reencarnação.

Era uma noite de quinta-feira como todas as outras em que começaria o evangelho no AMA (Assistência Mais Amor), casa espírita localizada no bairro da Lapa, na rua Henrique Elkis, 9, em São Paulo. O imóvel não é muito grande, mas tem uma boa vibração e conta com a proteção dos amigos espirituais, cujo patrono é o Dr. Bezerra de Menezes.

A mesa estava formada. Ali se achava uma senhora que transmitia uma enorme energia, criando um clima de muito aconchego espiritual. Os trabalhos começaram e o capítulo da noite era *Sede Perfeitos*. Ela começou a dizer textualmente as palavras de Jesus, na íntegra, como se as tivesse decorado, coisa que despertou o interesse de todos os presentes.

O capítulo era lindo e o conhecimento que aquela senhora transmitia com tanta veemência e convicção fascinou a todos.

Terminados os trabalhos, eu me aproximei dela e disse:

— Obrigado, o evangelho foi maravilhoso. Gostei muito de ouvir as suas palavras.

Ela segurou as minhas mãos, agradeceu e, tocando-me o rosto, acrescentou:

— Você tem a barba igual à do Cairbar.

Foi nesse momento que eu percebi que ela não enxergava. Senti uma grande emoção ao conversar com aquela senhora e receber os seus ensinamentos e me alegrei prevendo a grande amizade que poderia surgir.

Naquele instante, fiquei sabendo que o seu nome era Maria Galisteu. Em contatos posteriores, soube que ela nasceu em Bebedouro, em 28 Janeiro de 1930, numa família de espanhóis que, no começo do século, ainda vivia nas cidades de Málaga e Matina e trabalhava em fazendas produtoras de azeitona.

A chegada dos Galisteu ao Brasil

Em 1901, um navio zarpou da Espanha levando à América muitos de seus membros, que buscavam vida nova e trabalho, pois a situação em sua terra não estava muito boa.

Durante a viagem, os Galisteu conheceram a família Ávila.

Chegando ao Rio de Janeiro, foram levados a uma fazenda e lá permaneceram algum tempo. Transferidos para o bairro carioca do Cantagalo, trabalharam para o governo brasileiro.

O tempo foi passando e o laço de amizade entre as duas famílias aumentou. Os mais velhos iam ganhando os primeiros fios nevados nos cabelos; nos mais jovens, despontavam os primeiros sinais de responsabilidade: a barba nos homens e as donzelas tornando-se mulheres.

Eram muito unidos e festivos. Herdeiros dos costumes do Velho Mundo, como as danças e a cozinha. Organizavam bailes, confraternizando-se sempre que podiam.

Álvaro Galisteu e Encarnación Ávila casaram-se em 1923 e tiveram sete filhos: Dolores, Hilda, Geraldo, Maria, Alberto, Helena e Norma.

O Primeiro Encontro

Nessa época, o casal já havia se mudado para o estado de São Paulo. Moravam num sítio em Bebedouro. Maria Galisteu brincava com os irmãos e levava uma vida normal como a de todas as crianças. Em 1940, devido às dificuldades, sua família resolveu mudar-se para a capital e tentar vida nova. Aqui, o Sr. Álvaro passou a trabalhar em uma gráfica, enquanto sua esposa cuidava da casa e dos filhos.

Aos dezessete anos de idade, Maria Galisteu tinha os sonhos de qualquer outra moça da época. Com traços finos, pele clara, cabelos compridos e cacheados, era muito disputada pelos rapazes, mas, como boa filha de espanhóis, tinha uma educação muito rígida. Namorou um rapaz chamado Antônio, gostava dele, mas nunca se sentiu apaixonada. Como naquele tempo os namoros eram diferentes dos de hoje, pegar na mão da namorada já era uma grande vitória, e o beijo tinha de ser roubado; usar calça comprida também era coisa para as moças mais ousadas.

As famílias de Maria Galisteu e Antônio, ambas de formação católica, tinham uma afinidade muito grande, de modo que permitiram o namoro e havia até planos de casamento

Maria Galisteu, ao centro

No entanto, quando menos se esperava, ela começou a ter problemas de saúde. Deve-se levar em conta que, em 1947, os conhecimentos da medicina eram outros e a linda jovem passou por dois anos de tratamento e teve de se submeter a uma cirurgia bastante delicada, pois tinha um tumor localizado na parte de trás da cabeça, um pouco acima da nuca.

Foi operada na Faculdade Paulista de Medicina. Infelizmente ficaram seqüelas. Ela perdeu parcialmente a audição, o olfato e a visão.

O encontro com o Espiritismo

Tendo sido surpreendida por problemas sérios de saúde ainda muito jovem, Maria Galisteu lutava para superar estas e outras dificuldades que a vida lhe apresentava. Dona Encarnación e o Sr. Álvaro transmitiam coragem e incentivo à filha naqueles dias difíceis, pois como se não bastasse, seu namorado Antônio, também com problemas de saúde, veio a falecer cerca de quatro meses após a cirurgia de Maria Galisteu.

O Primeiro Encontro

Com a falta da visão, as coisas ficaram difíceis. Ela se limitava a escutar rádio e acompanhar as novelas: era o que podia fazer para que aqueles dias amargos passassem mais depressa.

Viajando a Congonhas do Campo, encontrou-se com Zé Arigó, um médium conhecido pelas curas através do Dr. Fritz, que lhe disse que nada podia fazer: era mesmo uma provação.

Naquele momento, Maria Galisteu duvidou de tudo, até de Deus. Era um fardo pesado demais saber que não voltaria a enxergar e ter de se resignar à nova vida. O que fazer? A jovem se revoltou por não entender as leis divinas, perguntando a si mesma: "Por que tudo isso está acontecendo comigo?"

Não saía de casa, sentia-se incapaz e passou a evitar contatos sociais. As visitas em casa a incomodavam, ela não se sentia bem; as pessoas iam confortá-la, principalmente senhoras católicas, crentes e de outras religiões. Faziam orações pelo seu restabelecimento, mas não adiantava. Falavam em nome de Deus, porém, em vez de melhorar, tudo piorava.

Os primeiros anos depois da cirurgia foram terríveis: muita dor na cabeça e também amnésia. Ela perdia a noção do tempo e do espaço, sentia-se apalermada e até mesmo retardada.

Um fato, porém, trouxe novo ânimo à sua vida. Um grupo de samaritanos da Federação Espírita do Estado de São Paulo bateu em sua porta. Disseram que os espíritos lhes haviam pedido que fossem à sua casa. Maria Galisteu ficou encantada. Os voluntários falaram do mundo espiritual, aplicaram-lhe um passe e ela sentiu uma melhora interior. Passaram a visitá-la uma vez por semana e, assim, ela foi tomando conhecimento da doutrina espírita.

Mas, depois de certo tempo este grupo deixou de procurá-la, pois tinha outros trabalhos a fazer. Maria Galisteu sentiu muita falta daquela visita e, um dia, tendo recebido um espírito sofredor, ficou perturbada. O seu cunhado sabia que bem próximo à casa deles havia um centro espírita, então a levaram para lá.

Era a primeira vez que Maria entrava num centro e ficou, de imediato, muito assustada. Ela não sabia o que era Espiritismo e morria de medo que lhe aparecesse uma assombração.

Chegando lá com o cunhado, ela foi apresentada ao senhor Umberto Américo Brazil Rotondaro, o então presidente da casa. Ao tomar conhecimento do caso, ele foi categórico: "Essa moça está com uma entidade que a atrapalha."

Maria Galisteu foi encaminhada ao desenvolvimento mediúnico e não tardou para que uma entidade sofredora se manifestasse. Após a doutrinação desse espírito, ela se sentiu melhor. E, desde então, queria voltar ao centro sempre que possível.

Mas, para freqüentar a casa, precisava de alguém que a levasse e trouxesse. Para isso, contou com a ajuda de duas freqüentadoras do centro, Dona Inês e Dona Doroti, que foram de grande importância em sua vida.

Ela ficou conhecendo muitas pessoas, começou a participar assiduamente dos cursos, se tornou grande amiga do senhor Umberto, um grande entusiasta da doutrina espírita e dos ensinamentos de Jesus. Graças à sua dedicação e disciplina, hoje o centro espírita Irmão Itajubá colhe os frutos das sementes plantadas no passado. Com intuição aflorada, ele percebeu o potencial que Maria Galisteu tinha para trabalhar como oradora, então a ensinou a pregar o evangelho para uma assistência.

Para estudar, liam ou gravavam o capítulo; ela escutava até memorizá-lo. Mais importante, porém, é que os espíritos lhe passavam mensagens e parábolas para ilustrar cada explanação.

Outras perdas

O sofrimento continuava lhe perseguindo. Poucos anos depois, sua mãe foi chamada ao Plano Espiritual. Repentinamente, uma doença abateu dona Encarnación e ela desencarnou.

Após a morte de sua mãe, Maria Galisteu e o pai foram morar com Norma, (sua irmã) e o marido. Nessa época, ela já recebia algumas mensagens e poesias dos amigos espirituais. Umas das primeiras foram "Dias Amargos":

Esperando dias felizes,
Muito serena e calma,
Mas a tristeza chegou
Machucando minha alma.

Com o coração ferido,
Sentindo uma grande mágoa,
Eu olhava para o mundo
Com os olhos rasos d'água.

Dor, tristeza, amargura,
As amigas que eu tinha,
Onde quer que estivesse,
Eu me sentia sozinha.

Assim com muita humildade
Eu pedi ao meu Senhor

Que me enviasse um consolo
Para esquecer essa dor,
E Jesus, no infinito,
Minha prece escutou.
Nos meus lábios tristonhos,
Um sorriso colocou.
E das alturas celestes,
Leve sereno desceu
Transformando tudo em luz.
A esperança floresceu.
Hoje agradeço ao Senhor
Por essa felicidade.
Na minha alma tranqüila,
Ficou somente a saudade.

    Essa poesia foi uma homenagem póstuma à sua mãe, porém a dor não a largava e, cerca de três anos depois, chegou a vez de seu pai partir.
    Embora tivesse perdido os dois grandes suportes da vida, Maria Galisteu continuou a morar com a irmã, a estudar e a freqüentar a doutrina.
    Quando subia na tribuna para pregar o evangelho, acontecia uma coisa interessante: enquanto falava sob inspiração, ela *via* cair sobre as cabeças dos ouvintes pequeninos filetes de luz. Essas visões eram uma graça divina, que deixavam-na mais segura e forte para continuar realizando as palestras.
    Galisteu trabalhou muitos anos nessa casa. Libertou-se dos outros problemas, exceto a cegueira. Fazia tempo que não vivia mais em reclusão: tinha feito muitos amigos e recebia convites; as pessoas gostavam do seu trabalho. Passou a pregar o evangelho em outros centros, e, juntamente com o cunhado Vicente Pinola e a irmã Norma, começaram a freqüentar a Casa Transitória, grandiosa obra social da Federação Espírita do Estado de São Paulo.
    A pior fase passara. Maria Galisteu passeava, viajava, tinha recuperado a vida ativa, familiar e espiritual. A doutrina a havia posto em pé, levantou-a mesmo, ensinou-a a viver. A visão foi perdendo

a importância. Ela começou a enxergar o outro lado, a propagar a doutrina e a viver também com os amigos espirituais. Mesmo cega, ela não perdeu a vontade de viver. Conheceu Tarcísio e Jacy, duas outras pessoas importantes em sua vida que freqüentavam a casa de seu cunhado, onde ela morava. Tarcísio era um médium de muita responsabilidade e conhecimentos espíritas. Os dois a levavam às casas onde iam trabalhar em nome da doutrina e em nome de Cristo. A doutrina, que lhe ensinou a viver sem a visão, foi o seu ponto de apoio. A irmã e o cunhado a levavam a todos os lugares para realizar as palestras. Agradecia a Deus por não perder a voz, porque, mesmo sem enxergar, podia se comunicar e não só com os encarnados, mas dispor dela para os desencarnados por meio da psicofonia, pois seu contato com o mundo espiritual havia aumentado.

A fase era muito boa e, nesse tempo, Maria Galisteu se transformara em uma bela mulher. Cuidava das coisas, arrumava suas roupas, lavando e passando, cozinhava, ajudava na limpeza da casa, só não saía sozinha porque não gostava, mas se sentia privilegiada, pois sempre tinha alguém disposto a acompanhá-la e sua presença nas casas espíritas era sempre solicitada.

Certa vez, seu cunhado foi convidado a ir em uma festa, na Vila Ré, com um grupo de amigos que freqüentava a Federação. Dela participou uma pessoa muito especial, um violeiro de Minas Gerais, um repentista e poeta que cantava muito e alegrava a todos com o seu jeito simples.

Vicente e Norma ficaram encantados com as músicas: com uma em especial, intitulada *Romper da Aurora*. Esse violeiro chamava-se João Batista Martins, integrante desse grupo de trabalhadores da doutrina. Mudara-se para São Paulo depois de um casamento desfeito e ia todos os sábados à Federação Espírita para estudos e trabalhos. Certo dia, João lá estava, na companhia de Tarcísio e Jacy. Quando Vicente e Norma chegaram, cumprimentaram-no e lhe apresentaram Maria Galisteu. Conversa vai, conversa vem, pediram a ela que recitasse uma poesia; depois solicitaram que João cantasse algumas de suas canções e, já naquele momento, algo começava a unir os dois.

Certo dia, Norma convidou João a passar uma tarde em sua casa e, enquanto Maria Galisteu recitava poesias, ele tocava e cantava. Nesse dia, puderam conversar um pouco mais e a amizade entre os dois cresceu tendendo a se transformar em compromisso mais sério. Isto significou novos problemas. Para os familiares, Maria Galisteu era uma pessoa especial, ficaram muito preocupados que algo pudesse desarmonizar sua vida que desde cedo fora sempre tão sofrida. Tentando protegê-la, seus familiares e amigos não aprovaram a nova situação.

Mas Galisteu e João estavam certos de que se tratava de um encontro espiritual. E o que tem de ser, é. Enquanto João só tocava a viola e Maria Galisteu se limitava a recitar, tudo ia bem, mas quando os outros perceberam que o amor entre os dois era coisa séria, começaram a colocar empecilhos à relação.

Os parentes e amigos trataram de dificultar os encontros dos dois: não queriam que o romance prosseguisse. Afinal de contas, João, além de ser mais novo que Maria Galisteu, era negro, forte, irreverente e, tinha seis filhos do primeiro casamento. Isso fazia com que todos se sentissem no direito de opinar sobre a moral, o caráter dele e o futuro daquela relação.

Por sorte, Maria Galisteu contava com o apoio de uma sobrinha, Simone, que aproveitando as ocasiões em que a levava para fazer o evangelho em sua casa, facilitava o contato dos dois. Foi assim, às escondidas, que João e Maria Galisteu, embora adultos e maduros, tiveram seus primeiros momentos a sós e na intimidade. Mas, os romances clandestinos cedo ou tarde são descobertos. A moral era mais rígida naquela época e, quando Vicente acabou se inteirando de tudo, ficou enfurecido e expulsou Maria Galisteu de casa. A alternativa foi morar com uma de suas irmãs, porém, João lhe propôs que passassem a viver juntos. Maria aceitou e, a partir desse dia, os dois tomaram a decisão de que, dali por diante, trabalhariam juntos na seara do mestre Jesus.

Na verdade, as pessoas que tão obstinadamente se opuseram à sua união ajudaram e muito a consolidá-la.

O CRESCIMENTO DOS TRABALHOS ESPIRITUAIS

João e Maria Galisteu instalaram-se com muitas dificuldades: a família de Maria continuava relutando em aceitar a nova situação. Como João era motorista, ela ficava muito tempo sozinha em casa. Mas, quando ele voltava, os dois se dedicavam ao trabalho espiritual nos centros espíritas. Nos fins de semana, freqüentavam a Federação, onde faziam cursos.

O tempo ia passando e, apesar das dificuldades, os dois estavam felizes por terem se encontrado.

Desde que se conheceram, os dois não fizeram outra coisa além de trabalhar a espiritualidade; Maria recebia mais poesias dos irmãos do Plano Maior: poetas, cantores, sertanejos humildes que muitas vezes não se identificavam. Eles eram muito requisitados para as festas, nas quais cantavam e declamavam, João sempre a dedilhar a viola.

João e Maria Galisteu começaram a desenvolver um grande trabalho mediúnico. Sete Flechas, o mentor espiritual que os orientava e assistia, pediu-lhes que se dedicassem a um trabalho de psicografia. Como João já o fazia desde menino, Maria Galisteu teve de principiar seu desenvolvimento.

QUEM É ESSE CAIBAR SCHUTEL?

Sem conhecer os amigos espirituais que se apresentavam nas sessões, os dois se entregaram a essa tarefa; muitos irmãos do Plano se identificavam, mas outros não. Havia um, em especial, que sempre se comunicava e se identificava como Cairbar. Apresentava-se com muita humildade, como todo espírito de luz.

Certa vez, João e Maria Galisteu foram convidados a participar de uma reunião do evangelho num centro de São Paulo. O Sr. Antônio, dirigente da casa, quis saber de suas atividades. Eles contaram o que faziam nas favelas e que estavam desenvolvendo a psicografia. O Sr. Antônio perguntou se havia algum espírito que se destacava mais, e eles mencionaram Cairbar, explicando que não o conheciam nem tinham ouvido falar nele. As pessoas se entreolharam, mas os dois não compreenderam, pois nada sabiam dessa entidade.

Pouco tempo depois, o Sr. Antônio convidou João a acompanhá-lo à casa de um amigo. Entrando por uma viela, foram ter com essa pessoa. Ao chegar à porta, ele chamou:
— Ô Sr. Benê!
E este respondeu:
— Entre, Sr. Antônio.

O Sr. Benê era um negro magrinho, de cabelo branco e muito trabalhador. Antônio lhe apresentou João e lhe pediu que falasse um pouco do Sr. Schutel.

João pensou: "Sei lá quem é esse tal de Schutel".
Benê começou a falar.
— Ah, Sr. Antônio, o Sr. Schutel, lá em Matão, era um homem fora de série, tratava o povo da cidade com remédio, com comida, foi uma pessoa fora do comum, foi o primeiro prefeito da cidade. — E contou muita coisa que Schutel tinha feito.

O Sr. Antônio se voltou para João e disse:
— Esse é o espírito com que vocês andam se comunicando. Seu nome completo é Cairbar de Souza Schutel.

Quando João voltou para casa e contou a história para Maria Galisteu, os dois ficaram sem saber o que pensar. Apaixonados por esse espírito, saíram a pesquisar as suas obras, lendo em primeiro lugar o livro *A Grande Vida*. Até hoje, Cairbar os tem ajudado e acompanhado com suas orientações espirituais.

Mas, no final de 1979, passando por uma situação muito difícil em São Paulo, os dois foram morar na Fazenda Seara, da FEESP. O lugar estava um tanto abandonado e eles se entregaram ao trabalho de colocá-lo em ordem.

    Os colegas que os haviam encaminhado à fazenda da Federação estavam preocupados porque não recebiam notícias, desde o dia em que eles partiram. Assim, um grupo orientado por Paulo Topal fretou dois ônibus e para lá se dirigiu a fim de verificar como estavam. Qual não foi a surpresa ao encontrar os dois muito felizes, trabalhando a todo vapor, arando, cuidando da plantação e, enfim, pondo em ordem aquela terra abandonada.

    Mas, ao fim de onze meses, a situação mudou. O trabalho que vinham fazendo no lugar provocou ciúmes em alguns dirigentes da FEESP daquela época e eles tiveram de partir.

    Depois de algum tempo em Sete Barras, João e Maria Galisteu mudaram-se para Juquiá, onde moraram pouco tempo e voltaram a São Paulo, fixando-se no bairro do Imirim. Lá continuaram trabalhando, divulgando a doutrina, pregando o Evangelhos e alegrando as festas com as suas poesias e canções.

    João e Maria Galisteu jamais conheceram a riqueza material. Tudo sempre foi muito difícil para eles.

RECOMEÇANDO

Em 1983, retornaram a Juquiá, onde tinham bons amigos e, com o intuito de um dia construir uma casa e um centro espírita, compraram um terreno. O lugar não tinha luz nem água encanada. João, recorrendo ao seu conhecimento e à criatividade, construiu uma casa de madeira muito aconchegante, abasteceu-a coletando a água da chuva com a ajuda das calhas e armazenando-a numa grande caixa. Com a ajuda de um papa-vento e de um alternador de carro, instalou um circuito e, com pequenas lâmpadas, fez a iluminação.

Ao lado da casa, construiu o cômodo destinado ao centro espírita. Queria facilitar as coisas para Maria Galisteu, evitando que ela precisasse sair de casa para os trabalhos doutrinários. Desse modo, ficou consolidado o Leal Mestre — Legião Espírita Alunos de Jesus, nome dado ao templo.

Com a casa pronta e o centro em atividade, Maria Galisteu e João começaram a cravar raízes em Juquiá. Com o tempo, organizaram-se, João trabalhando na cidade, no posto de saúde da prefeitura, Maria Galisteu incumbindo-se dos afazeres domésticos. Não tardou para que fizessem boas amizades, e as pessoas da cidade começassem a freqüentar o centro.

Nos fins de semana, eles empreendiam suas tarefas espirituais. Viajavam pela região e também para Santos, Peruíbe e São Paulo, sempre inspirados na vida dos cristãos que percorriam o mundo no passado. Maria Galisteu participava de trabalhos mediúnicos, recebendo tanto mentores quanto sofredores e assim, com muitas dificuldades, continuaram em sua plantação.

Dez anos se passaram e houve muito progresso material e espiritual. A casa onde moravam recebeu água encanada e luz elétrica, melhoraram as instalações do templo Leal Mestre, e eles se tornaram conhecidos por muita gente na cidade de Juquiá e na região.

Muitas pessoas se aproximaram daquele par de sementes que o Pai criador colocou na cidade de Juquiá, tornando-se voluntários das atividades sociais promovidas pelo Centro.

Um grupo de médicos e intelectuais ficou admirado com as curas que lá aconteciam. Embora ajudassem bastante, seguiam uma linha de pensamento que não combinava com a de Kardec, por isso a colaboração não teve continuidade.

Esse grupo seguiu o seu caminho e muitas outras pessoas se aproximaram e se afastaram, porque toda disciplina tem o seu efeito.

Foi quando eu passei a conhecê-la mais. Era o começo de 1996, 16 de janeiro, quando meu amigo Jorge Topal, do Centro Espírita Revelação e Luz, me levou à casa de Maria Galisteu. Eu estava passando por um momento difícil, desses que a gente encontra pela vida, e sabendo dos seus conhecimentos e visão abrangente fui à procura de um afago para o meu espírito que tanto precisava de uma palavra de conforto e esclarecimento.

Nós a encontramos sozinha em casa. Meu amigo disse que estava trazendo uma pessoa que já a conhecia e queria conversar com ela.

Eu me apresentei e lhe contei sobre o nosso encontro anos atrás. Apesar da afinidade que sentia com ela, não imaginava quantas coisas iriam acontecer.

Uma conversa com Jesus

Nesse dia, Dona Maria Galisteu, com seus 65 anos e as marcas da vida, que não eram poucas, contou-nos uma história que vale a pena conhecer:

Era uma noite tranqüila. Eu havia me deitado minutos antes com intenção de dormir. De repente, me senti solta no ar, leve e feliz. E tive uma certeza: estava indo à casa espiritual de Maria de Nazaré.

...estava volitando e sentia uma vibração imensa. Como era um meio estranho de seguir o caminho eu tentava caminhar, mas não conseguia, só flutuava. Era uma sensação maravilhosa.

Eu não pensava em nada, seguia como uma criança...

Então avistei um casarão ao longe. Parecia um colégio. Na porta de entrada havia muita gente que parecia esperar algum momento para entrar. Então fui me aproximando e as pessoas estavam de costas para mim. Quando cheguei, repentinamente, eles se voltaram sem dizer uma palavra, apenas abriram um corredor indicando que eu deveria passar. Eu fui passando e cheguei até a porta.

Ela se abriu sozinha e, quando entrei, fechou-se rapidamente.

Eu parei de andar, encostei-me à porta e olhei. Era um salão grande, no meio, havia uma mesa bem comprida com vários homens ao seu redor.

Fiquei apenas observando deslumbrada, não sabia o que fazer, olhei para a mesa e um dos homens que dirigiam o trabalho levantou a cabeça, olhou-me e indicou com a mão um banco para eu sentar. Eles eram feitos de troncos de árvore.

Olhei para o chão. Vi uma espécie de terra que não suja os pés, uma terra totalmente diferente da nossa. As paredes eram de tijolo e a casa não tinha cobertura, só paredes. Dentro dela víamos um céu lindo! Como era noite, parecia que as estrelas estavam mais próximas.

Havia uns homens que passavam de um lado para o outro num movimento intenso, então ouvia pessoas falando: "Aquele é tal pessoa." Eu conhecia quase todas, eram os apóstolos. Vi José de Arimatéia, que passou com os cabelos grisalhos nas têmporas. E eles foram me falando de todas as pessoas que passavam. Eu procurava a origem daquelas vozes mas não havia ninguém ao meu lado: era telepatia de uma forma incrível.

De repente, uma movimentação estranha. Apesar de todo o trânsito, não havia barulho. A comunicação era sempre mental. Então eles começaram a se agitar, iam de um lado para outro; aí eu pensei: o que está acontecendo? E já me responderam:

— É Jesus que vai chegar.

Eu levei um choque. Jesus vai chegar aqui? E eu vou ver?

Levantei querendo correr, pensando: "De jeito nenhum, eu não mereço ver o Cristo".

O que eu fiz? Me ajoelhei naquele chão de terra e disse assim:

— Eu não quero ver o Cristo, não mereço.

Nesse instante, todos correram para a portinha.

Eu, de joelhos, cobria o rosto com as mãos, mas continuava vendo a mesma coisa. Era como se estivesse vendo com olhos espirituais.

Então, no meio daquele aglomerado de gente perto da porta, de repente entrou uma pessoa em forma de luz. Aquela luz entrou e veio em minha direção. Eu fiquei parada, tremendo. Ele foi se aproximando com os braços abertos até ficar diante de mim e pôs a sua mão em minha cabeça e começou a falar comigo:

— Cega estás. Cega ficará. Dessa forma nunca te afastarás de mim.

E em segundos que pareceram horas, me explicou os motivos desta minha encarnação, das coisas que sofri. A emoção foi tão grande que fiquei num estado de êxtase espiritual.

    Então me trouxeram de volta e não vi Maria de Nazaré. Jamais poderia esperar esse encontro, conversar com Cristo, ouvir a sua voz. Às vezes, eu me desligava do que ele estava dizendo para sentir a sua voz. Nunca ouvi uma voz semelhante, ela transmitia calor, era doce e firme. Não sei quanto tempo fiquei ouvindo, mas ouvi muita coisa, falou-me da força, da coragem, do amor, de reencarnar neste mundo, de enfrentar as dificuldades, perdoar os inimigos de uma forma que eu nunca vou esquecer.

    Quando despertei daquele sonho, fiquei intrigada, "Deus, isto aconteceu de verdade?". Fiquei numa emoção tão grande que durante os primeiros dias, não conseguia contar para ninguém.

Foi assim o meu primeiro contato com Maria Galisteu, ouvindo e tendo a oportunidade de gravar esta linda viagem espiritual. Depois de conversar mais um pouco com ela, voltei a São Paulo.

Agora conhecendo o caminho, passei a freqüentar a sua casa e a participar de trabalhos no centro. Tornei-me mais amigo dela e de seu companheiro.

João com a sua viola e Maria Galisteu com as suas poesias e canções alegram qualquer ambiente, oferecendo-nos uma grande oportunidade de aprendizado espiritual e de agradecer o Pai de amor e de bondade pela dádiva da vida. Tendo a certeza de que me encontrava diante de uma pessoa especialmente inspirada, comecei a gravar esses encontros, para estudar e um dia podê-los passar adiante.

Lições da vida e dos espíritos

Maria Galisteu parece viver com um fio que a une aos dois mundos. Quando começamos a conversar com ela, é possível perceber que em suas respostas sempre rápidas e amorosas, há uma reflexão e inspiração imensa, e uma sensação de paz freqüentemente pode ser sentida. Certa vez perguntei a ela sobre o valor da Gratidão e do Reconhecimento e ela explicou:

> *Nós temos de responder por nós, temos de ter o conhecimento destes valores dentro de nós. Gratidão, reconhecimento, amor, compreensão. Se os outros não os possuem, é problema deles e isso não deve atrapalhar nossos sentimentos e nem esmorecer nossos esforços.*
>
> *Eles têm de aprender sozinhos, enfrentando a luta, sofrendo, têm de compreender a necessidade de reconhecer, de serem gratos às pessoas que os amam e ajudam. É uma coisa que deve partir de cada um; se os outros a possuem ou não, não é problema nosso. Quem me afirma isso é Cairbar.*
>
> *Certo dia eu conversei com ele assim:*
>
> *— Cairbar, me aconteceu isso e aquilo, o que é que eu faço? Me ajude. Ele não podia ter feito isso comigo.*
>
> *Ele tem uma paciência comigo! Aí, ele começou a falar:*
>
> *— Você ama os outros?*
>
> *— Bom, estou tentando.*
>
> *— Se você não ama, o que é que você quer que os outros façam? Que te amem? Ama você primeiro, compreende? Você é que deve ser assim, deve amar, compreender, ser paciente, ter as virtudes, as qualidades indispensáveis que um cristão, um filho de Deus, deve possuir. Não é porque você é espírita que você vira santo, o espiritismo não é rótulo. Temos de trazê-lo na alma e no coração. É ser um seguidor do Cristo aqui na Terra, o Cristo da esfera crística. Então, nós temos de ser aquele cristão neste mundo, vivendo, amando, compreendendo e ajudando. Embora a gente leve tropeção, ouça cada palavra que dói, não*

devemos revidar: somos iguais àqueles que nos ofendem. É amar, compreender e, quando alguém nos faz o bem, devemos ficar agradecidos, sim, contentes e felizes. Agora, não é porque o outro companheiro não me fez nada que eu não devo ajudá-lo. Às vezes, aquele que me fez algo de bom não precisa de ajuda, mas o outro, que mora lá no canto da cidade, precisa. E não é porque eu sou grato com ele. Ele não me fez nada de bom, mas precisa de ajuda.

É o que Cairbar diz: Ele precisa? Vá e ajude. Isso me tira o orgulho. Às vezes eu penso em fazer uma coisa. E já sinto: não posso fazer, está errado. Aí eu paro, penso, faço uma prece e busco mudar para melhor. Não te preocupes com reconhecimento e ingratidão. Ama. Ajuda. Se os outros não sentem isso, o problema é deles, é erro deles. Faça o bem e não espere nada em troca, nem um "muito obrigado". Ajude e faça o que puder. Mas, se você se sente bem e está em paz consigo mesmo, é muito gostoso fazer o bem, é muito bom ajudar, é muito bom esquecer a falha dos outros. Os que erram precisam de ajuda, não de crítica. É o que Cairbar sempre diz: eles não precisam do teu julgamento, da tua crítica. Ninguém ajuda ninguém criticando.

Um dia cada um de nós vai enfrentar um juiz do outro lado; um dia, vamos nos defrontar com alguém que vai nos olhar nos olhos. O que é que fizemos de bom? O que é que fizemos de nossa vida nesta passagem pela Terra? É aqui que temos de demonstrar o que somos, o que fizemos e quanta coisa deixamos de fazer e podíamos ter feito.

Nós falhamos muitas vezes e é bom que nos digam a verdade. Geralmente é alguém que não se afina conosco, por isso dizemos: "ele não é meu amigo, ele disse que eu sou isso, que eu sou aquilo". Graças a Deus que ele disse. Vou pensar, pode ser verdade e, se for, vamos melhorar. Se ele te tachou de egoísta, obrigado, obrigado mesmo.

Será que eu sou mesmo? Como é a nossa maneira de ser e de agir? Vamos meditar, vamos nos observar. Agora, se não houver motivo, então o defeito é dele, não nosso. Mas, se nós sentimos que realmente somos, é hora de começar a melhorar, nunca ficar zangado ou ressentido se ouvirmos uma palavra maldosa. Cada um fala aquilo que tem no coração e na alma.

Da boca só sai aquilo que nós sentimos. Vamos buscar melhorar, mas melhorar de verdade. A tua reforma é tua, a do outro é dele: eu não vou me reformar por ninguém, nem você por mim. Então, cada um de nós é um espírito. Eu tenho de lutar pela minha reforma e ajudar o quanto puder, com palavras ou como estiver ao meu alcance.

Temos de chegar conversando, com ânimo, com alegria, e transmitir coisas boas, realmente positivas. Essa é a nossa vida aqui na Terra: ela é tão curtinha.

Que Jesus nos abençoe.

Quase todo fim de semana, eu ia a Juquiá. Estava empolgado com os trabalhos que eles faziam no templo. Um grupo de amigos auxiliava nas melhorias do Centro, e uma esperança surgiu de transformar aquele espaço num posto de ajuda aos irmãos mais necessitados. É o que estamos fazendo até hoje, com muita dificuldade, mas, com a boa vontade e a luz de Cristo, conseguiremos.

No Centro são realizados trabalhos de cura e operações espirituais, cursos de aprendizado da doutrina espírita e de desenvolvimento mediúnico.

Nesses longos anos de estudos, várias falanges de espíritos se aproximaram do Centro Espírita Leal Mestre e tem procurado, com freqüência, dar suas comunicações. São conhecidos como irmãos regenerados. Tratam-se de entidades que viveram naquela região há muitos anos e passaram por muita dor: escravos que trabalharam na lavoura ou na exploração do ouro, atividades outrora muito importantes nas regiões de Registro, Sete Barras e Cananéia, entre outras. Por meio da mediunidade, se comunicam e proporcionam esclarecimento sobre sua situação atual, assim como sobre a de irmãos já em estado de luz, oferecendo-nos uma série de conhecimentos sobre os que viveram e sofreram na região.

O primeiro caso desse tipo de atendimento ocorreu em 1989. Há uma família, em Juquiá, cujo varão da casa chamava-se Geraldo Filgueira. Sua filha, Vera, freqüentava o Centro Espírita Leal Mestre às escondidas porque, no interior, falar de Espiritismo, ainda hoje, pode causar problemas. A família era católica e ela não queria contrariar os pais. Mas Geraldo estava muito doente, fora desenganado pelos médicos, e Vera procurou João e Maria Galisteu, pois queria levar o pai ao centro para receber passes e fazer um tratamento espiritual.

— Ele não pode saber. Eu gostaria de dar um jeito de ajudá-lo, porque aqui, na região, você sabe o que pensam do Espiritismo.

João foi categórico: precisamos vê-lo. Ele tem de vir ao centro para passar pela triagem dos médiuns.

— Convide o seu pai para vir aqui no sábado, e vamos ver o que os amigos espirituais orientam.

Vera respondeu:

— Meu pai não vem de jeito nenhum!

— Vera — disse João —, você só vai saber se conversar com ele e o convidar a vir até aqui.

O convite foi feito e, para surpresa de todos, Geraldo concordou em ir no sábado seguinte. O que os parentes não sabiam é que ele era espírita — e espírita dos bons. Por algum motivo — quem sabe as misturadas que alguns centros costumam fazer —, não freqüentava nenhum, preferindo estudar a doutrina sozinho. Mantinha contato com a FEB e era assinante de O Reformador, tudo isso em sigilo, pois sua família era católica praticante e ele não queria criar nenhum problema. Era a velha história: todo mundo sabia, mas ninguém falava nada. Geraldo passou pelo plantão espiritual e começou a freqüentar o centro.

Como de costume, no Leal Mestre, todos participam dos trabalhos com perguntas e pareceres, e na terceira vez em que ele compareceu, já mais familiarizado, teve oportunidade de fazer um comentário. Embora idoso, de cabelos brancos e com a saúde frágil, quando começou a falar, deu um exemplo de conhecimento, não só doutrinário como também de português: um português requintado e elegante que muito agradou os presentes.

João olhou para Vera encantado com o que vira e ouvira. No sábado seguinte, todos voltaram a se reunir e a assimilar os conhecimentos que aquele senhor transmitia. Mas, quando chega a hora nada é possível fazer e Geraldo não tardou a desencarnar. Aliás, ocorreu algo interessante: quando deram a notícia da sua morte carnal, no centro, já tinham visto a sua entrada triunfal no plano espiritual.

Todos foram fazer uma prece de despedida e, já na semana seguinte, tínhamos notícias da chegada de Geraldo Filgueira ao mundo dos espíritos e, em pouco tempo, ele estava enviando mensagens ao Leal Mestre. Foi como se tivesse aberto uma porta e passado para o outro lado. Deu uma comunicação, fez alguns pedidos à sua família e orientou para que, em vez de chamá-los de guias espirituais, dessem-lhes simplesmente o nome de Irmãos Regenerados. Assim, não seria necessário perguntar o nome dos irmãos que os procurariam, os que quisessem se doutrinar que ficassem entre eles, os que não quisessem e preferissem continuar relutando com os ensinamentos de Cristo, teriam seu livre-arbítrio.

A casa consultou seu guia espiritual, o nosso querido irmão Sete Flechas e ele concordou. Hoje, sabemos que muitas equipes de bons espíritos já estão trabalhando em nome de Cristo, ajudando muitos irmãos encarnados e desencarnados. Quanto a Geraldo Filgueira, é o líder dessa falange de espíritos denominada Irmãos Regenerados, a qual, sempre que necessário, está presente no Leal Mestre para dar apoio e sustentação.

O tempo ia passando e eu não conseguia entender como uma pessoa tão especial como Maria Galisteu, com seus conhecimentos espirituais, enfrentava tantos problemas para difundir a doutrina. Colocando-me à sua disposição, passei a levá-la a São Paulo, de vez em quando, para participar de trabalhos em casas espíritas.

É incrível ver a transformação pela qual Maria Galisteu passa quando sobe à tribuna para falar sobre a nossa doutrina. Os amigos espirituais a envolvem, seu tom de voz fica mais forte, ela parece banhada em luz. As pessoas se emocionam ao ouvi-la falar e, nos trabalhos de mentor, o nosso querido Cairbar sempre está presente.

Comecei a perceber que é muito mais difícil divulgar o Espiritismo em cidades pequenas ou no interior em geral. Ora porque o marido não deixa, ora porque a expectativa do fenômeno é grande demais, e muitos acabam perdendo o interesse. Há ainda os que confundem Espiritismo com "macumba" ou bruxaria, os que têm medo de ver almas do outro mundo — aliás, seria muito engraçado se, em casas espíritas, ficássemos vendo espíritos; é pura falta de conhecimento, pois o mais importante não é o fenômeno e sim a fé, a caridade, acreditar e entender a pluralidade das existências, a lei do progresso e os ensinamentos deixados pelo nosso querido Mestre Jesus.

A VISITA AO CHICO — O ENCONTRO EMOCIONADO

Um dos maiores desejos de Maria Galisteu e João era conhecer o nosso querido Francisco Cândido Xavier. Era um sonho acalentado por eles durante muitos anos. Nós nos preparamos e fomos a Uberaba com alguns amigos. A viagem foi uma delícia, participamos da distribuição de sopa, estivemos no Hospital do Fogo Selvagem ajudando os doentes e sentindo o quanto éramos felizes pelo dom da saúde e por conhecer D. Maria Aparecida, pessoa de grande estima que dirige aquela entidade com muito amor e carinho. À noite, após os trabalhos do centro, fomos visitar o "tio Chico".

Foi um encontro muito bonito e emocionante para Maria Galisteu. Ela não conseguia acreditar que estava segurando as mãos daquele homem e ouvindo suas palavras. Referindo-se à questão da visão, ele lhe disse com dificuldade:

— *Nós temos o mesmo problema* — e sorriu.

Foi uma noite de grandes alegrias. Mesmo as pessoas que não conheciam Maria Galisteu perceberam a grandeza daquele encontro e se emocionaram. Todos ficamos muito contentes com a realização desse sonho.

Novas Provações

As coisas nunca foram fáceis para Maria Galisteu. Ela já vinha se queixando de não ouvir bem com seu único ouvido são:

— E se eu perder a audição? Já não enxergo! Se também deixar de escutar, o que é que vou fazer?

Aquilo passou a me preocupar dia e noite, por isso resolvi marcar uma consulta com o meu amigo, o Dr. Guido, que é otorrino. Depois de examiná-la, ele pediu dois exames: uma audiometria, que constatou a perda total do ouvido direito desde a juventude, quando ela perdeu a visão; e um raio X do ouvido esquerdo. Os exames foram feitos imediatamente e nós ficamos aguardando o resultado. Quando o levamos ao consultório, o médico ficou alarmado.

— A senhora está com um tumor!

Eu, por minha parte, fiquei chocado com o que acabava de ouvir e pensei no que Maria Galisteu devia estar pensando. O problema era muito pior do que esperávamos. O que fazer? Que decisão tomar?

Uma nova luta começou na vida daquela mulher, que por tantas provas passou e por tantas outras ia passar. Aquilo era apenas o começo.

O Dr. Guido indicou-nos um neurologista da Faculdade Paulista de Medicina, o Dr. Fernando Meneses Braga, um homem muito bom e capaz de entender a situação. Mas como falar com uma pessoa tão cheia de compromissos, sabendo das dificuldades do nosso sistema de saúde? Não tínhamos noção da gravidade do caso, mas sabíamos que era preciso fazer alguma coisa.

Ocorre que os amigos espirituais sempre inspiram. E a luz nos chegou.

No dia da consulta, Maria Galisteu e eu fomos acompanhados de uma amiga, a Dra. Fátima, parente de um colega do Dr. Fernando. Depois de expor o caso, contamos que ela havia sido operada naquele hospital cerca de 47 anos antes, pela equipe do Dr. Pimenta. Acrescentamos que não tínhamos recursos para custear a operação e que só podíamos ajudá-la com o nosso carinho, amor e amizade.

O médico foi de tal modo atencioso que parecia que já nos conhecia havia muito tempo. Porém, o mais importante é que não saímos sem resposta. Ele nos pediu uma ressonância magnética cerebral e se comprometeu a colaborar com o que estivesse ao seu alcance.

Na viagem de volta a Juquiá fomos conversando sobre o que fazer e indagando que caminho tomar. Estávamos informados de que o tumor — provavelmente a causa das fortes dores de cabeça que Maria Galisteu sentia — tinha chegado quase ao tamanho de um limão. E temíamos a possibilidade de ele expelir. Eu sabia que precisava tomar uma providência, pois Maria Galisteu começava a sentir fortes dores e estava correndo grandes riscos.

Com o resultado do exame solicitado pelo médico, marcamos nova consulta. Fomos cheios de esperança, mas de ansiedade também.

Eu havia contado ao Dr. Fernando que Maria Galisteu, apesar das dificuldades, se encarregava de todos os afazeres domésticos, inclusive fazia um bolo delicioso.

No dia da consulta, ela levou um bolo para o Dr. Fernando. Ele, sempre gentil e atencioso, analisou o material que trouxemos, levou-a a outra sala e, depois de examiná-la, perguntou-lhe discretamente como conseguia fazer um bolo daqueles. Ela respondeu:

— Dr. Fernando, vou responder de uma maneira que eu não sei se o senhor vai entender: o sapo pula de acordo com a necessidade.

Quando eu, na outra sala, ouvi as gargalhadas dos dois, compreendi que a minha amiga estava em boas mãos, tinha encontrado um médico sensível e disposto a ajudá-la.

Saímos do consultório cheios de esperanças. O Dr. Fernando nos afiançara que o caso exigia cuidado. O tumor já podia ser retirado, porém ele tinha muitos casos mais urgentes e era preciso aguardar. Anotando o nome dela num caderno, prometeu avisar-nos assim que surgisse uma vaga.

Tratava-se, pois, de esperar. Naturalmente, a expectativa era enorme: quando há de surgir essa vaga? Embora soubéssemos das dificuldades que teríamos de enfrentar, também sabíamos que quem tem fé sempre alcança.

Depois de mais ou menos seis meses, o médico marcou a cirurgia de Maria Galisteu. Ela se preparou fisicamente devido à pressão alta e, espiritualmente, pedindo a ajuda dos amigos do Plano Maior e a orientação do Dr. Bezerra de Menezes, para que iluminasse a equipe do Dr. Fernando Braga.

A operação, que durou quase dez horas, foi um sucesso. Embora a equipe médica estivesse particularmente preocupada com os nervos da face, que podiam ficar com alguma seqüela, o pior foi o pós-operatório. Maria Galisteu já tivera essa experiência e sabia que não seria fácil. Sentiu muita dor na cabeça, muita fraqueza e teve uma tosse extremamente incômoda devido à eliminação da anestesia. Ao mesmo tempo, convinha que tivesse alta o mais depressa possível para evitar problemas de contaminação hospitalar.

Nos dez dias que passou internada, tempo necessário para se restabelecer, fez amizade com todos. Mesmo no hospital, não deixou de dar uma palavra de coragem aos que também estavam enfrentando provas difíceis: falava na doutrina espírita e evocava o nome de Cristo como o nosso grande Salvador.

Quando Maria Galisteu teve alta, nós a levamos à casa da Dra. Fátima, onde ela permaneceu quase vinte dias, pois ainda estava debilitada e precisava de atendimento especial sobretudo na alimentação, na administração dos medicamentos e na higiene pessoal. Tinha recomendação de descansar bastante e, na medida do possível, de não se preocupar com nada.

O mais difícil eram as noites. As dores na cabeça se intensificavam e, sendo ela médium e estando debilitada, não faltavam espíritos zombeteiros que se aproveitavam para incomodá-la.

Tudo isso aconteceu entre julho e agosto de 1997. Infelizmente ficaram algumas seqüelas: um olho ligeiramente mais aberto que o outro e incapaz de piscar; a boca um tanto repuxada.

Cerca de três meses depois da cirurgia, voltamos ao consultório do Dr. Fernando Braga. Constatando as seqüelas, ele disse que seria possível amenizá-las com uma plástica.

Eu me voltei para Maria Galisteu:

— O que a senhora acha?

Ela preferiu fazer a mesma pergunta ao médico.

— Se fosse a minha irmã — respondeu ele —, eu aconselharia uma pequena plástica de correção. Mas será necessário aguardar uns seis meses para que a senhora se recupere por completo.

No final desse mesmo ano, quando a coisas pareciam mais tranqüilas, convidamos Maria Galisteu e João a ir em uma festa conjunta de três casas espíritas, onde eles possuíam grandes amigos — a AMA, a Itajubá e a Revelação e Luz —, que se realizaria na Sociedade Esportiva Palmeiras.

Havíamos combinado de nos encontrar na casa da Dra. Fátima às 19 horas. Como eles estavam demorando muito, telefonei para Juquiá. Tive uma péssima notícia. A caminho de São Paulo, o carro apresentou problemas mecânicos e, desgovernado, caiu num precipício, ferindo muito os dois. Fiquei preocupadíssimo com as possíveis conseqüências do acidente. Fazia menos de seis meses que ela se submetera a uma cirurgia séria e, em breve, passaria pela operação corretiva, a qual provavelmente teria de ser adiada. Felizmente, nada de grave aconteceu; embora feridos, os dois sobreviveram. Mas a recuperação demorou. Só um ano e meio depois, Maria Galisteu se viu em condições de enfrentar a nova cirurgia e a anestesia geral, sempre desagradável e perigosa.

A operação correu bem, mas a eliminação da anestesia voltou a lhe provocar uma tosse extremamente incômoda. Embora ela tivesse recebido alta cerca de dez dias depois, a tosse não só persistiu como resultou numa pneumonia que exigiu cuidado especial.

Graças a Deus, Maria Galisteu conseguiu vencer essa etapa, afirmando uma vez mais a sua vontade de viver e trabalhar em nome de Cristo. À medida que foi se restabelecendo, retomou os afazeres domésticos e, pouco a pouco, voltou a participar dos trabalhos no Centro.

A Fé e a Esperança

Toda vez que leio ou ouço as Bem-Aventuranças — lições que o Mestre nos deixou para encontrar a felicidade no sofrimento, na resignação e na mansidão — penso em Maria Galisteu, sempre feliz, sempre a agradecer o dom da vida, sempre resignada com sua dor, sempre disposta a nela achar um aprendizado e um teste para o espírito e resgatando uma série de provações aqui na Terra, mas com o coração agradecido por tudo que recebeu do nosso Criador. É característico do homem ser falho e imperfeito na moral e nos costumes. Temos de ser mais vigilantes na nossa conduta, agradecer em vez reclamar, entender o porquê do fardo que carregamos e saber que ele é importante para a nossa caminhada evolutiva. Qualquer um de nós pode ser escolhido para suportar provas bem maiores do que acreditamos conseguir suportar.

Maria Galisteu passou e passa por grandes provações e testes desde os dezessete anos, idade em que tinha os sonhos e projetos de qualquer moça. Idade em que se viu subitamente tolhida pelos resgates espirituais. Idade em que não os podia compreender, mesmo porque tinha uma rígida formação católica. É inegável: um espírito que, tão jovem, perde a visão e é informado pelo médium Zé Arigó de que seu mal é irreversível, só pode ser um resgate. Por ter algumas deficiências que a torna incapaz para diversas atividades, precisou sempre contar com o apoio de pessoas e muitas vezes foi humilhada.

Hoje, numa existência modesta e feliz, Maria Galisteu e João trabalham e vivem para os outros. A perda da visão abriu-lhe um mundo novo por meio do intercâmbio que ela passou a ter com os amigos espirituais, os quais lhe ensinaram uma nova maneira de ser feliz. Depois de muita luta, de muitas alegrias e sofrimentos, aos 66 anos de idade, um novo tumor na cabeça a submete a um grande teste. Sua vontade de viver e de se livrar do problema revelam o espírito de luz que ela é.

O TRABALHO COM JÉSUS GONÇALVES

Entre as entidades espirituais com as quais Maria Galisteu teve esse intercâmbio, existe uma que é do mesmo quilate de Cairbar, do Dr. Bezerra, de Meimei, de Castro Alves e de Ramatis, entre outros. Trata-se da entidade que, nos anos de 1979/80, se apresentava com o nome de Estrutor. A médium Maria Galisteu começou a receber suas mensagens via psicofonia e psicografia. Essa entidade de muita luz e várias vezes presente, veio nos alertar sobre o comportamento do ser humano (como veremos mais adiante, na parte das comunicações).

Em suas outras encarnações, esse espírito de grande envergadura veio com uma inteligência e uma coragem incomuns, porém, comandando um poderoso exército, no século 4 d.C., recorreu à violência e à maldade para satisfazer sua volúpia e sua ambição de vitória. Esmagou Roma, poupando apenas as crianças, as mulheres e os templos cristãos: graças à coragem e ao heroísmo do bispo Agostinho de Hipona. Fascinado pelo poder, pretendia dar o golpe de misericórdia no Império Romano, descendo até a Calábria com a intenção de invadir a África; porém sua frota foi atingida por uma terrível tempestade, sendo que, pouco depois, ele veio a morrer em Cosenza. Seu nome era Alarico, comandante-chefe das bravas fileiras do povo visigodo.

Após reeducadora trajetória de padecimentos em estações umbralinas e trevosas, conseqüência da cegueira espiritual de uma alma primitiva em sua ambição doentia, recebeu, até que em pouco tempo pelo mal causado a tantos irmãos, a oportunidade de reparar os seus erros do passado. Reencarnando na roupagem de Alarico II, apresentou as mesmas imperfeições da encarnação anterior, na qual o prazer das conquistas materiais o levou a perder todo o compromisso assumido com o Plano Espiritual. Na batalha travada em *Vouillé*, no ano 507 d.C., perdeu a vida nas mãos de Clóvis, que arrebatou todos os domínios territoriais que seu pai havia conquistado na região da Espanha.

A seguinte encarnação de que se tem conhecimento foi pouco mais de mil anos depois, na França. Em 9 de setembro de 1585, nascia Armand Jean du Plessis Richelieu, que passou para a história como o cardeal Richelieu. Percebe-se que o seu padecimento nas regiões umbralinas foi enorme. Era de se esperar que, com esse grande período de sofrimento e aprendizado nas esferas espirituais, ele voltasse melhor, mas infelizmente, ainda dessa vez seu espírito perderia a oportunidade de crescimento.

Usando do seu conhecimento e do seu poder, foi um dos mais notáveis estadistas franceses do regime monárquico; odiado e temido por todas as camadas sociais, defendeu o absolutismo real e contribuiu para a grandeza da monarquia. Sendo bispo, representou o clero e, tendo chegado ao cargo de primeiro ministro, foi, durante dezoito anos, o homem mais poderoso da França. Mas no dia 4 de dezembro de 1642, com a saúde abalada e o corpo carnal tomado por tumores e debilitado, retornou ao Plano Maior para ajuste de contas.

Como todos nós que acreditamos nas idas e vindas, para depuração da vida nesta escola de aprendizado que se chama terra, esse espírito recebe mais uma oportunidade depois de novos esclarecimentos e aprendizados na sua verdadeira pátria, que é o mundo espiritual. E como presente para novos compromissos assumidos por esse espírito, que pediu uma nova chance de acertos de conta, lhe foi ofertado como berço um lugarejo do nosso Brasil, o coração do mundo e a pátria do evangelho. Com o nome carnal de Jesus Gonçalves, nasceu então em Boraci, estado de São Paulo. Posteriormente, não se considerando merecedor do nome do Rabi da Galiléia, mudou o nome para Jésus Gonçalves: era esse o espírito que Maria Galisteu recebia em suas singelas reuniões com o nome de Estrutor.

Nessa sua última experiência terrestre de que temos conhecimento, contraiu, aos 27 anos de idade, época em que morava em Bauru, o que chamamos de mal de Hansen. Terminou seus dias num hospital de hansenianos em Pirapitingüi. Lá trabalhou arduamente, escrevendo e montando peças teatrais, redigindo cartas às autoridades para que olhassem pelos irmãos acometidos daquele mal, chegando a fundar uma rádio dentro do hospital.

Cronista, jornalista e poeta, foi ateu até o dia em que teve uma prova contundente. Primeiro, quando sua companheira Anita, que havia morrido de câncer no útero, deu-lhe, por meio de uma médium, uma comunicação pedindo que ele acreditasse em Deus. Em segundo lugar, quando, numa de suas crises de dor no fígado, colocou água num copo e disse: "Se Deus existe, dou cinco minutos para que nesta água seja depositado o lenitivo de que preciso para que passe a dor." Passados os cinco minutos, ao beber o líquido, ele sentiu um sabor diferente. Um companheiro, ao qual pediu que o experimentasse, também sentiu um paladar diferente. Já não agüentando de dor, bebeu toda a água de uma vez, que, para sua surpresa, aliviou-lhe o sofrimento em cerca de dois minutos.

Foi então que começou a repensar suas antigas teses sobre a existência de Deus e do mundo espiritual. Começando a ler Kardec e Léon Denis, entre outros, transformou-se, acreditou e entendeu o porquê de as coisas acontecerem. Sabendo que nada é por acaso, passou a acreditar na bondade infinita do Pai Criador e nos ensinamentos do nosso querido Jesus Cristo. Jésus contou com a ajuda de sua segunda companheira, Anita Vilela, que foi a luz que espantou as trevas, abriu-lhe novo horizonte e, acreditamos, auxiliou-o no resgate dos seus débitos com o Plano Espiritual. Com seu comportamento de resignação, esse espírito conseguiu suplantar as falhas passadas e oferecer muito amor e dedicação aos companheiros escolhidos por Deus para os seus acertos de contas.

Outra entidade que presta grande apoio espiritual ao centro de Maria Galisteu é Mãe Zefa que, nas horas difíceis, sempre está presente com as suas orientações e esclarecimentos. São muitas as mensagens e comunicações que nos trouxe esse espírito que tanto amamos e agradecemos, assim como as poesias que leremos neste livro, com conotação cabocla e que falam da escravidão.

Por tudo isso e por conhecer os sofrimentos físicos pelos quais Maria Galisteu passou e passa, é que chego à conclusão de que um espírito da sua envergadura, que a muitos ajuda com suas palavras, sua resignação, sua vontade de viver feliz dentro da dor, recebe como prêmio do Plano Espiritual esses irmãos de luz, que fazem ou fizeram parte do seu intercâmbio mediúnico, além de muitos outros que não se identificaram.

Convivendo com uma grande médium

Viver, conviver ou estar com Maria Galisteu, às vezes nos deixa em situações embaraçosas e — por que não dizer — engraçadas? Certa vez, voltando de São Paulo a Juquiá, paramos num restaurante de estrada, que fica na Serra, oferece uma comida muito boa e é freqüentado por caminhoneiros. Maria Galisteu se achava um pouco debilitada, pois fora operada pouco antes. O restaurante estava cheio. Pedimos ao garçom o frango grelhado da casa e suco de laranja. Ao me ouvir pedir a bebida, ela disse com a voz mudada, quase zangada:
— Eu não quero suco!

Sem nada perceber, tentei lhe explicar que a vitamina C lhe faria bem e insisti para que aceitasse.

Uma vez servidos, eu coloquei o copo em sua mão, dizendo-lhe que estava uma delícia. Não tinha notado nada de anormal. No momento em que ela pegou o copo, sua mão começou a tremer e, mal conseguindo segurá-lo, ela derramou o suco. Nesse momento, o garçom trouxe o grelhado, que estava com ótima aparência.

Quando ele se afastou, eu segurei a mão de Maria Galisteu e peguei o copo. Só então comecei a entender. Como havia muita gente no local e é normal os clientes beberem álcool mesmo tendo de dirigir, uma entidade se aproveitou da debilidade de Maria Galisteu para, usando o aparelho físico dela, satisfazer suas necessidades espirituais.

Vendo-a tão envolvida pela entidade, eu não sabia o que fazer. Maria Galisteu começou a orar, a pedir-lhe que a deixasse em paz e a explicar que aquele não era o lugar apropriado. O espírito que fosse ao centro à noite, lá era o lugar certo. Não adiantou. Naquela situação difícil, com o corpo todo a tremer, pois a entidade insistia em satisfazer seus desejos, ela olhou para mim e disse:

— Vamos embora, não dá para ficar aqui.

O garçom se mostrou intrigadíssimo quando o chamei e lhe pedi que embrulhasse o frango e trouxesse a conta. Afinal, não havíamos tocado na comida e já queríamos ir embora.

Mas o local estava impregnado e nem mesmo fora do restaurante o obsessor a deixava em paz.

Saímos de lá e alguns quilômetros mais adiante, paramos debaixo de uma árvore. Eu desliguei o motor e começamos a orar. Não tardou para que a situação estivesse controlada e a entidade finalmente a deixasse em paz. Passado o susto, retomamos a viagem. Já relaxados, fomos comentando o acontecido e comendo o grelhado no caminho.

Pode alguém pensar que um ser que se dedica tanto a ajudar as pessoas não sofre este tipo de ataque. Isso é um engano. O próprio Chico já revelou que isso sempre foi uma constante em sua vida. Com Maria Galisteu percebi que os espíritos zombeteiros tentam atrapalhá-la justamente para evitar que ela leve luz a mais pessoas.

Hoje aos 71 anos, com as marcas que a vida lhe deu, continua firme e forte dentro dos seus limites, sempre acompanhada por amigos espirituais que lhe dão todo suporte e orientação, continuando o seu trabalho em nome de Cristo.

Com uma vida humilde, em seu quarto de madeira, ela e o seu companheiro seguem o trabalho que começaram desde que se conheceram.

O Leal Mestre — Legião Espírita Alunos de Jesus, já está com as suas raízes fincadas e germinadas na cidade de Juquiá, proporcionando à região um pronto socorro espiritual, como aqueles que André Luiz nos conta em seu livro " Os Mensageiros", onde trabalhadores e assistidos encontram o lenitivo para as suas dúvidas.

Sempre passando um afago para aqueles corações amargurados, tanto encarnados como desencarnados encontram suas consolações nas palavras de Maria Galisteu e João. Formada na faculdade

da vida, diplomada pela experiência, vem nos exemplificar o amor e a humildade.
Seus mais belos poemas estão escritos no coração daqueles que a conhecem. É estrela desde o nascimento a iluminar muitos caminhos. Cristã em suas convicções espiritualizadas, médium de imenso valor e sensibilidade, muito tem ajudado na seara do Mestre Jesus. Cabocla sertaneja que vai pelo mundo em sua simplicidade infantil, plantando o evangelho com sua eloqüência.
Suas palestras são inesquecíveis e nos trazem paisagens celestes à visão da alma.
Seu livro é despretensioso, sendo apenas o retrato de suas emoções que nos transporta a mundos que todos nós temos o hábito de esconder.
Dessa poetisa que nos mostra sua alma retratada nas palavras, só posso dizer que tem a pureza de uma flor, a valentia de uma leoa e a ternura de uma alma que se entregou ao amor.
A liberdade de seu coração que voa em busca de um sonho é, às vezes, impedida pela crueldade humana que se interpõe no seu caminho.
No temporal de seus sentimentos, buscou em Cristo o porto seguro de sua alma retornando a um mundo de pureza e de amor, porém solitário.
Caem as máscaras que envolvem as emoções quando lemos Maria Galisteu; seus versos serão eternos como o seu amor.
Decidi finalizar essa parte da obra, apresentando uma poesia de Maria Galisteu, que aliada à viola de seu esposo João, ganhou na cidade de Sete Barras um concurso promovido pela Secretaria de Estado da Cultura de São Paulo, tendo recebido o primeiro prêmio. E, esta é, sem dúvida alguma, uma imagem da Dona Maria, numa simplicidade que empolga sempre.

CABOCLA SERTANEJA

Sou cabocla sertaneja
Vim passear na cidade
Com meu vestido de chita

Toda cheia de vontade.
Botei flor no meu cabelo
Fiquei satisfeita da vida
Fui dar umas voltinhas
No principiar da avenida.
Dizem que sou bonita
Quar gente isso é boato
Esse povo só que sabe
De gozá a gente do mato.
Aqui tudo é diferente
Do meu querido sertão
Os home faiz caçoada
Se me vê de pé no chão.
Ai que vergonha seu moço
Não fico aqui vou-me embora
Porque a moça da cidade
Anda coas perna de fora.
Não gostei desta cidade
Vô vortá pro meu sertão
Pois lá deixei o João
Que é o meu amor de verdade.
Ne preciso me enfeitá
Pra agradá o meu amor
Descarça de pé no chão
Pro João eu sou uma flô.
Vou me casar com o João
Que é caboclo dos bão
E vou ser feliz de fato
Vivendo no meu sertão.

COMUNICAÇÕES

As páginas que se seguem apresentam uma mostra das mensagens — comunicações e poesias — que Maria Galisteu recebeu dos amigos espirituais na forma de psicografia e psicofonia.

MEIMEI

Espiritualmente falando todos somos irmãos, mas por que existe tanta diferença na maneira de nos dirigirmos aos que nos cercam? Que esta doutrina venha iluminar vossos espíritos e vos façam compreender que o amor não deve se restringir à vossa família mas sim à humanidade.

Da criança ao velho, do rico ao mendigo, do sábio ao ignorante e assim sucessivamente.

Em frente companheiro, é para diante que se anda, pés no chão e olhos voltados para Deus.

Perdão e amor para com todos os inimigos, pois são almas enfermas necessitadas de ajuda. Que o esclarecimento vos ajude a seguir. Que a vossa força de vontade seja suficiente.

Que o vosso caminho venha cobrir-se de flores.

Todos esperam a primavera, a fim de que as flores venham embelezar este mundo, encontrar por onde passam as mais belas, coloridas e perfumadas flores, ver uma paisagem deslumbrante, um pôr de sol radiante. Que a miséria e a maldade desapareça, dando lugar à criatura bem vestida e falante; tudo isso não é um sonho? Se todos se esforçarem um pouco buscando a reforma interior e praticando a lei de amor e caridade, cada irmão pode pôr uma flor, pode espalhar o perfume da misericórdia, pode enfim fazer a primavera florir nesta terra o ano inteiro, para que um dia o senhor possa colher um punhado, a fim de entregar a cada um de seus servidores. Hoje presente, ofereço a ambos a flor da amizade.

Meimei

Joana de Ângelis

Com a graça de Deus aqui estamos e estaremos sempre desde que contamos com a vossa vontade, sem ela cá não estaríamos.

Os irmãos nos atraem pelo bem que fazem, pela sinceridade de proposta, pelo estudo e pela propagação da doutrina espírita na terra.

São sementinhas, são gotinhas de luz que vocês atiram no coração do ser humano, a fim de favorecê-los nesta caminhada.

Amados irmãos, quanta luz quando começam a tratar do assunto do evangelho, de amor e de perdão! Quanta luz acontece e vai ajudando a cada elemento aqui no templo.

Filhos, vindo aqui todos se sentem à mercê de uma vontade suprema que ajuda, favorece, guia, e indica o caminho a seguir aqui na Terra.

Todos têm a oportunidade feliz de pertencer à doutrina espírita, porque não pertencem aos homens, pois se assim fosse, companheiro, por certo já teriam desvirtuado ou desviado do curso providencial que é ensinar, ajudar, e propagar.

Não cobramos nada, é exatamente isso que o ser humano deve ter como exemplo. Trabalhar, servir, favorecer, guiar, e espontaneamente, levado pelo coração e no seio secreto da alma, viver no mundo com uma determinação só, com o propósito nobre de iluminar e ensinar.

Quantas vezes nos defrontamos com companheiros que ouvem atentamente o Evangelho, porém lá fora, ao contato com a miséria, com a tristeza e com a dor, o ensinamento desaparece.

E chega a irritação, se deixam levar pelos nervos e começam a gesticular respondendo com grosseria, que é incompreensível naquele que estuda.

Filhos, quando alguém lhes solicita uma informação, sejam corteses, sejam amigos.

Quando alguém te pede algo, ajuda, mas ajuda sempre com o mesmo carinho.

Quando um homem e uma mulher se unem, pois o amor acontece, tudo é muito bonito, eles se favorecem um ao outro, eles se doam um ao outro e tudo isso é uma alegria, uma satisfação íntima e isso faz parte da felicidade, e é exatamente assim que deveis agir hoje, amanhã e sempre; o homem com a mulher e a mulher com o homem.

Em todos os momentos da vida, lá fora, ao contato realmente com o povo, é que vocês devem demonstrar o que sabem, colocando em prática todo o aprendizado.

Irmãos, trabalhem, lutem realmente para vencer a si mesmo aqui na terra.

Se desliguem de tudo aquilo que não é certo, que não é lógico, pois o que fazem e o que pensam no momento, não está ajudando ninguém.

Pensem um pouco em tudo isso e se desliguem do pensamento impróprio buscando iluminar-te com tudo aquilo que vai ajudar a ti e a todos que queiram ouvir tua palavra sincera e amiga.

Sejam amigos, sejam companheiros de fato; quando aqui viemos, trouxemos alegria e paz, e quando daqui nos afastamos, levamos o coração repleto de alegria e paz, porque estivemos com companheiros amados e amigos devotados.

Irmãos, que a paz se faça em vossos corações e que a luz do Evangelho brilhe sempre onde estiverem.

E assim nos despedimos com a paz do senhor;

Joana de Ângelis

Quantas vezes nós choramos, quantas vezes já chorastes irmão, irmãzinha.

Quantas vezes buscando um ideal mais puro, caro à nossa alma, aos nossos anseios, enfrentamos a decepção, a tristeza e a dor.

Quantas vezes suplicando aos céus ficamos quietos, sentidos, porque nada recebemos.

Amados, vamos unidos valorizar o nosso conhecimento.

Estudando, compreende-se que o Plano Espiritual te dá as respostas; todos recebem a resposta, porém, nem todos a ouvem, a sentem e a entendem ou aceitam.

Ela vem sempre de uma forma clara e precisa, iluminando o entendimento da cabecinha daquele que estava a suplicar.

Nos debatemos com a espécie humana, é difícil conviver; às vezes nos deparamos com um irmão sem conhecimento algum, mas cujo anseio é tão sincero e tão puro que ele se eleva por meio de uma prece.

Ele encontra eco às suas petições, dessa forma, compreende mais porque houve a necessidade de uma reforma, de ser humilde e bom aqui na Terra.

Amados irmãos, quantas oportunidades recebemos, todos nós, de um Pai amantíssimo e bom, que permite a cada um buscar a sua evolução.

Não queirais que os outros resolvam por ti, pois, quando se trata de ti, da tua evolução, da tua vida, buscais realmente o melhor, aquilo que pode te favorecer e te ajudar.

Nos caminhos terrenos há tanto o que se fazer, que caminhar, portanto não queiram intervir em vidas alheias, em situações que não estão ao teu alcance.

Fique tão somente com o que podem resolver com a tua palavra, com teu carinho, com o teu amor.

Resolva, mas não force jamais os outros a resolverem, isto depende de cada um em particular, ninguém em sã consciência está sozinho e abandonado.

Precisam de ajuda; todos têm, todos sentem aquele amor grande e bonito envolvendo-lhe a alma e o coração.

Somente se não quiserem, vocês irão cair novamente e cairá com certeza se a ambição desmedida se aproximar e vocês lhe derem guarida na alma.

Não deixem jamais que o desespero da fortuna se apodere de ti e venha te aniquilar.

Filhos, o que é melhor para vocês está acontecendo, não queiram desesperadamente possuir o que os outros possuem; cada um tem a vida própria, cada um tem suas aquisições, cada um recebe aquilo que está fazendo por merecer, por meio da luta, da renúncia, do sofrimento; quantas vezes ouvindo uma grosseria, algo que te machuca, vocês sentem uma necessidade grande de revidar ou de chorar.

Amados irmãos, nem chorar, nem revidar, orar.

Aprendam a orar com muita fé, com muita vontade de querer, que vocês realmente conseguirão.

Batei e abrir-se-vos-á, e sentirão de imediato como eu disse aqui ao chegar, a palavra amiga, carinhosa, dizendo-te:

Vai, age, vai, fazes isto, vai companheiro, não tema.

Sentirão aquela vontade de ficar em pé novamente, de caminhar e trilhar rumos dantes ignorados e agora claros, ante a inteligência, ante a intuição.

Filhos, vocês tudo recebem, não se acomodem, lutem, não fiquem a chorar, recomecem tudo novamente se for necessário, não é o dinheiro que te fará feliz, mas sim, o que fizeres de bom aqui na Terra por ti e pelos outros.

A caridade poder ser por vocês próprios e para os demais; todos terão a chance de aprender, compreender, agradecer e saber ouvir.

Não esmoreçam jamais.

Hoje estaremos juntos nesta luta, precisamos de companheiros em pé para trabalhar na transformação da Terra, compreendendo os que erram e os que falham.

Joana de Ângelis

É dado ao ser humano a oportunidade, ele é encaminhado, recebe tudo que precisa para compreender as verdades, verdades estas que vão clareando, iluminando o entendimento para que possa aceitar Deus como o Pai, e o Cristo como o filho.

Somente após a regeneração, nós teremos consciência ou condição de entender; mas ainda não temos, somos crianças engatinhando rumo à perfeição, somos pequenos para querer entrar na faculdade.

Será lenta a nossa evolução, devagar e sempre; estamos nos encaminhando da forma correta.

Não queiram demonstrar o que está no rosto ou na vestimenta, isso é o que menos importa. Queremos os vossos exemplos, queremos ouvir a vossa palavra que atinge os corações humanos.

Palavra que desperta, faz com que o ser humano comece a buscar algo que lhe satisfaça o íntimo, é muito fácil buscar o que é material, é só trabalhar.

Mas buscar aquilo que nos toca e encontrar, depende muito da bondade de cada um, da alegria que traz na alma, mesmo tendo mil espinhos dilacerando o teu coração, porque alguém partiu para sempre numa viagem ou te virou as costas, mesmo assim tu sentes a alegria na alma e no coração, porque confias que existe um Cristo vivo que te estende os braços e diz: "Vem meu querido, eu te espero há tantos anos".

Liberta-te da Terra, as coisas da terra são matérias e elas pertencem à Terra. Nós devemos tornar à pátria espiritual, libertos de tudo o que é terreno.

Nós somos energia que voltará novamente para o campo que mais nos atrai e nos chama, mas teremos que voltar livres de tudo aquilo que nos suja.

Sejamos tão bons, tão honestos aqui na Terra a fim de que espíritos amigos para nós se encaminhem e nos ajudem.

Porque mesmo quando se possui a bondade a fim de ajudar a todos, a dificuldade é grande irmão.

É o sinal do Cristo que está lá em cima te suplicando: vem. É tua última chance de evoluir; os irmãos partirão para uma vida de renúncia, as coisas que te fascinam não te ajudam em nada.

Liberte-se de tudo que pode atrapalhar a tua evolução espiritual cuja necessidade é patente, é regeneração chegando e os irmãos recebendo oportunidades e se preparando para aceitação.

Antigamente estes ciclos de transformação ocorriam, mas eram lentos e difíceis de avisar com antecedência, porque não era fácil conversar com a humanidade, era difícil fazê-los entender a realidade e a bondade de Cristo, seu amor.

Hoje nós falamos por intermédio dos médiuns crianças ou velhos; por meio da escrita, todos recebem a palavra do alto por diversas maneiras. Recebam sempre a orientação e sentirão que há um amor maior que não abandona as criaturas na Terra. Deixe que os bons sentimentos se desenvolvam em ti, e que os maus sentimentos sejam aniquilados dentro de tua alma; liberte-se de tudo o que te torna escravo neste mundo. Não odeie porque os outros odeiam, não ame alguém famoso e bonito com apego, ame sempre com desprendimento porque fostes criados para o amor. Ama porque Deus e Cristo esperam que todos se amem num só amor divino. Formar ainda aqui na Terra um paraíso de amor. Não falamos por falar, não creiam no espírito, creiam em Deus e tenham Cristo por Mestre.

Irmã Rosália

GUARACI

Agradeço ao pai Tupã por estes momentos em que eu posso, por meio da escrita, entrar em contato com os irmãos e dizer que sempre que me é permitido, aqui estou querendo colaborar. As palavras ficam no esquecimento e somente nossos atos e realizações perduram.

Fechai por instantes vossos olhos carnais e olhai apenas com os olhos da alma para compreender mais facilmente o esplendor da vida espiritual, desta forma, o sofrimento não machuca, todas as dores se acalmam.

Irmão, buscai o alto e estendei aos irmãos da Terra sempre com muito amor. A vida material faz sofrer sem consolo, eis porque um conhecimento superior da lei divina se faz necessário.

Não desanimeis quando as coisas não acontecem segundo vossa vontade. A justiça do alto pode demorar, mas não falta, de um momento para o outro sereis surpreendido por uma graça.

Guaraci

ITAJUBÁ

Caminho árduo e difícil para aquele que se propõe seguir os passos do Mestre e não duvide jamais da assistência dos céus quando tudo se tornar sombrio, quase impossível de seguir. Elevai o vosso pensamento, peça ajuda falando sua própria linguagem sem qualquer preocupação, pois importa sim o que vem do coração, do fundo da alma.
Deus não desampara os seus filhos, todos recebem de acordo com o seu merecimento. Do alto chegam as forças, se quiserem receber, nada vos será impossível; amigos espirituais estão sempre a postos.
Agradecei o Senhor porque a assistência neste lar é imensa; apenas não realizamos o que a lei não permite.
Que a paz do Mestre fique convosco, deste amigo de sempre,

Itajubá

CHICO VIOLA

A natureza é bela, flores perfumadas, pássaros cortam os ares, tudo em festa para que o homem possa viver em paz e não encontrar tanto motivo para fugir à realidade.
Por que não buscar a paz, por que sofrer, se podemos ser felizes, por que chorar se podemos secar o pranto alheio, por que fazer motivo de tristeza a vida que poderia ser bela como é a natureza?
Olhai para dentro de vós mesmos e encontrareis o motivo de vosso sofrimento, pois ninguém sofre porque outros erram; Deus dá oportunidades iguais a todos, amai-vos e reformai-vos a vós mesmos.

Chico Viola

VICENTE CELESTINO

Neste mundo pequenino onde todos querem ter paz, alegria, felicidade, uma vida de conforto, nós respondemos: mas tudo isso é possível? Depende apenas da força, da coragem e acima de tudo da vontade e da firmeza de propósito.

Meus irmãos a luta existe, por que vacilar? Se trabalharmos com amor, se nos desdobrarmos, venceremos com certeza, porém um lembrete: sem Cristo no coração e na alma é mera ilusão.

Sigam de mãos dadas, dobrem vosso orgulho, deixem vosso amor dominar vosso raciocínio porque somente assim poderão descansar em paz. Façam o bem para conhecerem a verdadeira alegria que é a certeza do cumprimento do dever e não espere pelo descanso.

Estou muito feliz e contente para dizer que não morri, e minha vida continua para cantar e sorrir, amar e ajudar, para isso aqui estou em nome do meu senhor Jesus Cristo que ampara e agasalha todos nós.

Ninguém é grande nesta Terra, porém podemos crescer e atingir a perfeição se estendermos nossas mãos sem orgulho e com amor; são as graças que todos podemos ter.

Levanta os vossos ânimos para a frente, meu irmão, aproveita tua vida, obedece, não ordene, confia na providência, tudo se torna mais fácil quando sabemos agir.

Os dias que estão por vir serão melhores que hoje. Voltarei e para você, meu amigo e meu irmão, vou deixar uma canção, que junto iremos cantar nesta ou em outra vida. Deixo também para todos um abraço e um beijo com todo o meu respeito e para a menina, eu deixo o meu coração.

Deste amigo,

Vicente Celestino

Docemente eu vos saúdo, desejando muita paz com as bênçãos do senhor.

Irmão, fica atento à leitura de Evangelho do Mestre que nos ensina a amar, compreender e perdoar, mas não apenas falando, e sim praticando e seguindo com coragem os caminhos que se estende ante nós.

Às vezes, o chão dificulta nossos passos, mas confiemos no alto, nos amigos do além que seguem ao nosso lado qual um irmão dedicado que espera. Que um sol radioso ilumine este mundo, onde as provas nos esperam; a força e a coragem estão ao nosso alcance.

Buscai e achareis, enfrentai a luta e a dor com muita serenidade dando chance à felicidade de envolver teu coração, a tua alma, transmitindo muito amor, toda calma que precisa para viver na Terra e compreender que aquele irmão que te ferir, deve receber de ti uma prece e vibração, de irmão para irmão.

Hoje, feliz, reconheço que recebo e não mereço toda essa atenção, mas sinto a felicidade chegar com a oportunidade de trabalhar, me coloco à disposição.

Vicente Celestino

Queridos irmãos, juntos elevamos o pensamento, buscando atingir esferas superiores, onde vamos buscar alimento para a nossa alma. Seguiremos sempre até alcançarmos a perfeição do nosso espírito.

Trabalhar é o nosso lema, ajudar a fazer o bem é a nossa meta, tirar os espinhos do caminho é o nosso dever, não nos esqueçamos disso. Nos momentos de folga ou lazer, agradecidos, elevemos o pensamento fazendo preces em favor da humanidade.

Como vemos, todos os momentos da vida devem ser dedicados ao Mestre, hoje, amanhã e sempre. Orar, consolar e praticar a caridade.

Não perder tempo. Se hoje temos inimigos, ajudemos para que se tornem amigos; do alto virão forças se soubermos aproveitar. Ontem desconhecidos, hoje amigos confidentes, ombro a ombro, lado a lado.

Irmãos, que Jesus nos abençoe dando força e coragem para seguirmos adiante como simples trabalhadores da tua seara de amor e bondade.

Companheiros, amor não é apenas uma palavra para andar na boca dos namorados, e sim um sentimento profundo que devemos estender à humanidade.

Esta doutrina nos ensina como devemos agir, como devemos nos portar; assim juntos venceremos, não aos outros, mas a nós mesmos.

Se os outros erram, busquemos acertar, se são maus e nos ferem, perdoemos.

Exaltemos sempre os ensinamentos do Mestre, muita paciência para com todos.

Deste amigo,

Vicente Celestino

IRMÃ NADIR

Um certo dia, quando eu pequena ainda vivia na Terra, tentava de alguma forma seguir os passos do Mestre.

Eu me esforçava, fazia jejum, dava aos outros objetos que me faziam falta, orava horas a fio esquecendo até dos meus afazeres de dona de casa, me deparava com dificuldades e encontrava barreiras.

Somente quando me tornei espírita é que aprendi a fazer tudo dentro de uma ordem até então desconhecida.

Encontrei tempo para tudo, aprendi a fazer caridade, tudo se tornou claro, hoje dou testemunho e agradeço ao Pai por esta oportunidade.

Que a paz do Mestre vos envolva.

Da irmã,

Nadir

BEZERRA

Irmãos, hoje eu vos falo em nome de Cristo, o meigo Rabi; o nosso coração deve se enternecer quando recebemos do Pai a oportunidade de ouvirmos o Evangelho.

A mensagem de hoje não foi para os nossos vizinhos ou amigos, mas para nós que aqui reunidos precisamos ouvir certas verdades.

Tenhamos a humildade suficiente para aceitar e nos preparemos para trabalhar, não devemos nos preocupar com os tesouros da Terra porque são passageiros, somente os tesouros da alma perduram e nos seguem na vida após túmulo.

Irmãos, o momento de servir é este, aqui no templo, ajudemos com vibrações e preces, como pudermos, sem distinção de cor, raça ou crença.

Em casa, nossa chance de ajudar aumenta; são irmãos ou filhos ou mesmo vizinhos a exigir nossa orientação onde quer que nos encontremos. Ali se faz necessário o nosso amor, a nossa compreensão, não podemos desperdiçar o tempo.

Que o anjo da caridade vos anime e que o vosso ideal seja de progresso espiritual da qual todos almejamos.

Recebam meus votos de muito trabalho,

Bezerra

Ninguém é bom demais que possa viver com os braços cruzados, também a maldade é passageira; eis porque não podemos negar uma oportunidade ao irmão ignóbil, mas imperfeito.

Todos são dignos da indulgência do Pai. Aos que entendem esta doutrina, deveis agir como enfermeiro, socorrista, dando os primeiros socorros.

Aplicamos o medicamento que se fizer necessário, todos estamos em condições de trabalhar na seara do Mestre.

Não aleguem que a incompreensão alheia torna difícil a vossa caminhada, tropeços e dificuldades não servem como desculpas; não existe nada que possa impedir a vossa caminhada aqui na Terra.

Lembrai os exemplos do nosso Mestre e siga deixando em cada coração uma semente de luz. Onde estiverem, falem em nome de Cristo e vosso entendimento estará se alargando. Que a ingratidão dos amigos não vos tolde a visão. Rogai forças e as tereis, fazei por merecer a assistência dos bons espíritos e eles estarão ao vosso lado. Evangelho na alma, exemplos, eis o roteiro a seguir. Amor para com todos, perdão na hora certa, sinceridade nos momentos difíceis. Agradeço hoje ao Pai pelas oportunidades que felizmente não deixei passar; cumpri com vossos deveres e o Pai estará convosco.

Bezerra

Padre Belardino

O sofrimento quando aceito pelo homem sem revolta, nem queixas, mas com resignação, faz com que o ser humano tenha mérito para galgar os degraus da evolução. Não falamos do sofrimento que geralmente o próprio homem busca, isto é o tormento de ver os outros felizes ou ver os amigos enriquecendo, o sofrimento que invade os corações, porque não se pode ter o que se deseja, isso se chama orgulho ou amor próprio ferido.

Não deveis vos martirizar porque os outros conseguem tudo aquilo que vos falta; orai sem cessar, mas com os braços abertos trabalhando sempre por vossa melhoria material e espiritual .

Aumentai vossos esforços, cumpri à risca os ensinamentos desta doutrina e vereis vossos sonhos transformados em realidade.

Que esta doutrina venha nos infundir coragem iluminando vossos caminhos, piedade e indulgência com as pessoas que não nos querem bem. Diante da crítica, prece. Diante da ofensa, perdão. Diante da tentação, vigilância.

Ninguém pode dizer que não sabia o que estava fazendo, todos recebemos do Pai a inteligência, saibamos usá-la para o bem.

A proteção do alto se faz para todos que perseveram, amando e ajudando a todos especialmente aos inimigos; irmãos diletos, nada de desânimo ou tristeza, mais otimismo e fé.

Tudo tem uma solução satisfatória por mais difícil que seja, todos se rendem diante de uma palavra amável, de um sorriso gentil e delicado.

Sejamos para todos um irmão, um companheiro de luta; todos os dias após uma noite escura o sol volta a brilhar.

Podemos todos alcançar a evolução espiritual que tanto falamos, mas para que isto venha suceder, observemos o evangelho seguindo à risca.

Apesar do esforço que teremos de empreender, de sermos forçados em proceder em nós mesmos a correção, busquemos a nossa escalada evolutiva com passos firmes.

Amigos freqüentadores deste templo, não é por mero acaso que aqui nos encontramos; coincidências não existem, mas sim oportunidades de aprender e trabalhar, assistindo e esclarecendo.

Armai-vos de coragem e fé e ide em frente, a cobertura espiritual se faz presente; orai e vigiai, fazei tudo o que puderes sem esperar recompensa.

Eu queria vos compreender, porém torna-se difícil concatenar idéias com vosso cérebro ainda angustiado pelas emoções da carne.

Irmãos procurem nos compreender, busquemos um meio, uma forma de entrarmos em sintonia, a fim de que idéias construtivas germinem em profusão e desta forma elucidamos nossos companheiros, irmãos e amigos na prática desta doutrina redentora.

Somente com uma prece no coração, libertos de maus sentimentos, chegarão a um acordo.

Amor e caridade, renúncia e perdão sem qualquer recompensa. Irmão, ninguém brinca com as coisas dos espíritos sem sofrer as conseqüências.

Muita vigilância, ore e vigie.

Onde o amor impera não pode haver dúvidas, mas confianças; podem ter a certeza que estão sendo assistidos, é exatamente assim que fazemos para que o irmão tenha merecimento para caminhar com os próprios pés.

A realidade nem sempre agrada, às vezes, machuca. O orgulhoso que não quer ceder, inflexível em seu ponto de vista, mas aos poucos irá cedendo, mesmo que não queira.

Dobrai-vos diante do alto e sentireis mais leve o vosso fardo.

Amigos da Terra, os amigos espirituais estão ajudando, a felicidade não é deste mundo onde as provas e as expiações acontecem, mas, agradeça a Deus que vos permite saldar vossas dívidas contraídas no passado. Nós amenizamos de acordo com o vosso merecimento; muitas vezes são desviados do vosso caminho pedras e espinhos que poderiam vos ferir e isto não acontece.

Graças ao Espiritismo, aprenda a ser humano e enfrentar com amor e serenidade os momentos mais difíceis; grande será o galardão do servidor que souber respeitar os ensinamentos de Cristo.

Deste amigo confessor,

Padre Belardino

COMUNICAÇÕES DE ENCARNACIÓN (MÃE DA AUTORA)

Do alto virão as forças que devem aproveitar e não vacilar diante das oportunidades que surgem no vosso caminho.

Tudo é dado ao homem que luta, que se desdobra para atingir o objetivo desejado; enfrentando lutas e barreiras, com o mesmo amor e carinho que enfrenta os bons momentos.

Força recebe o homem para melhorar tanto material quanto espiritualmente e depende sempre da boa vontade, pois todos recebem chances iguais. Compreendam bem isto, filhos meus, para queDeus os abençoe. Servir em nome do Mestre, fazer tudo o que podemos fazer e que deve ser feito, esta é a nossa diretriz.

Caminho árduo e difícil, mas não impossível. Todos podemos e devemos seguir; o que nos impede são os nossos defeitos, geralmente, o nosso orgulho fala mais alto, gostamos de fazer apenas o que nos apraz.

Tudo aquilo que testa a paciência é muito para nós e não conseguimos tolerar.

Mas, se agirmos assim o que podemos esperar?

Afastemos os males por meio do nosso amor; flores eu ofereço a todos irmãos que entendem que a coisa mais bela deste mundo é amar a todos que nos rodeiam, sem a mais leve preocupação.

Amar, apenas fazer o bem e ajudar sem esperar recompensa; agindo assim, queridos meus, estão demonstrando mais do que nunca a elevação espiritual.

Falo desta forma, para que sintam a responsabilidade; estudar não é tudo, indispensável praticar, seguir em frente sem desistir ou vacilar.

Eu vos cumprimento e peço a Deus força e coragem para continuar vos assistindo. Às vezes, não encontro palavras para agradecer, mas gostaria de vos dizer que não parem, sigam, levantem os que estão caídos, dêem uma palavra amiga a quem necessita; eu vos abençoo de todo meu coração.

Da mamãe Encarnación

Do homem depende a vida de seus familiares, o ambiente de paz, a harmonia do lar, tudo isto pode o homem conseguir, depende do esforço, da luta que empreende, em prol de um futuro melhor.

Irmãos, as nossas famílias são todos os que nos cercam; não nos preocupemos com a maldade que impera nos corações, ela é um estado passageiro que aos poucos irá cedendo.

Se soubermos agir usando a bondade, o amor, a caridade e se colocarmos em prática os ensinos do Mestre, vocês serão abençoados sempre.

Para os irmãos, coragem e paciência, tudo dará certo, no momento exato nós velaremos por vós, bendizei o sofrimento que flagela a humanidade, a dor se faz necessária neste mundo de maldade.

O sofrimento é bendito, as nossas almas enfermas nos ajudam a caminhar e enfrentar os problemas, o sofrimento para nós é como buril de resgate, nos aproximando do alto, na fé que a dor abate.

Não temas o sofrimento pois ele ajuda a caminhar e dá forças a todos nós para o senhor encontrar, o sofrimento,

Menina, é um anjo que consola chorando,

Nós seguiremos amando.

Eu queria fazer versos, mas meu coração fica entre os filhos repartido e o que digo não tem sentido, queria apenas dizer, confiai no Criador que nos dá força e coragem para enfrentar a dor.

De Encarnación

Ó Deus onipotente, ajuda a toda essa gente, a confiar nos repentes, deste amigo do mato, que apenas quer fazer, a todo mundo entender, a lei de amor.

Que o nosso mestre Jesus, pregado em uma cruz, disse ao Senhor das alturas "perdoai as criaturas, pois não sabem o que fazem".

Ensina o homem a ser bom, melhorar seu coração, ajudar sem exigir, praticar sempre a bondade, fazendo a caridade sem esperar recompensa.

Ajuda, tem piedade da pobre humanidade, que sofrida, espera chegar a primavera perfumando os dias seus.

Para felicidade minha, aqui estou novamente respondendo um repente, que estou chegando da Serra, onde a beleza singela faz o coração bater com força dentro do peito, me deixando assim sem jeito.

Eu gostaria de dizer, que o Evangelho é tudo, mas, às vezes, fico mudo diante de tanta beleza quando vejo a claridade, que a alma do homem invade.

Sei, eu gostaria de comparar a beleza do Evangelho com a viola e a serra, mas não sei, pois sinto grande emoção, porque todas elas vivem dentro do meu coração.

Sou matuto de nascença, não importa minha crença, sei apenas que agora, sou devoto da Senhora e do bom Senhor Jesus.

Deixo de coração a todos os meus irmãos, um abraço carinhoso, e um aperto de mão, ao nosso que é mineiro, desconfiado de fato, pois foi criado no mato.

Deste amigo fiel,

Augusto Calheiro

Senhor, Senhor, diz o homem, mas nem todos que dizem Senhor, Senhor, serão salvos, mas sim aqueles que fazem a vontade do Pai.

Irmão, não é a doutrina que salva, mas o esforço próprio, o desejo de se melhorar e ajudar a humanidade, é o sentimento de caridade que faz o homem sublimar.

Nós nos aproximamos do Pai pelas nossas obras, não importa a opinião alheia, mas a nossa consciência; seja boa e sigamos adiante que a ajuda do alto virá.

Hoje eu quero falar, aos amigos aos irmãos, que nos recebem alegres, com amor no coração; quero dizer a vocês, que deste lado da vida, nós encontramos problemas, iguais à tua alma querida.

Sofremos ou rimos, depende da vibração, ou então do sentimento que trazemos no coração, as nuvens são cor de rosa ou azul da cor do céu, tudo é belo se trazemos a paz e o desejo de olhar com amor infinito.

Sejamos sinceros irmãos. Quando virmos tudo feio, é porque sem o querermos, olhamos num espelho; são nossos defeitos refletidos.

Escurecem o ambiente e também a alma da gente; busquemos nos melhorar para tudo embelezar; coloquemos cores novas no ponteio da viola, na harmonia do lar.

Saibamos sorrir irmão, olhemos com emoção, tudo belo e florido, imaginemos o mundo como uma bela pintura, mil flores refletindo, um cenário muito lindo.

Quis dar uma de poeta, pois trago a alma em festa; vim assistir o Evangelho e também rogarmos juntos pelos irmãos que sofrem.

Aqui deixo o meu abraço e um até breve, que o Senhor nos abençoe.

Deste amigo de sempre,

Calheiro

Augusto Vieira

Felizmente hoje, liberto da carne, eu posso vos falar tranqüilamente porque deixei meu corpo carnal.

Antes chorava, hoje estou a sorrir, antes revoltado sem compreender o que estava acontecendo, nada me satisfazia, custei a compreender a vida, hoje feliz eu vos digo, aceitai esta doutrina, estudai o Evangelho, buscai e achareis descanso para vossas almas.

Irmão querido, não percas esta chance, eleva o pensamento e procura viver aqui na Terra de acordo com os ensinamentos de Cristo. Terás paz, terás amor nos dias que te restam; eu queria dizer-te muito, mas não me é permitido.

Quero que sejas felizes, você e tua família.

Deste amigo, deste irmão que segue os teus passos.

Cordialmente,

Augusto Vieira

Nadir

Firmes na fé amigos meus, cientes da responsabilidade, nos colocamos como trabalhadores dando o melhor de nós mesmos.

Nesta seara bendita, necessitamos de irmãos que não vacilam, seguindo firmes, enfrentado toda espécie de obstáculos, vendo em cada criatura um irmão e dessa forma ajudam sem esperar recompensa, pelo prazer de fazer a felicidade alheia.

Lembrai que os exemplos valem mais que toda a palavra; vos falo assim porque confio e dessa forma vos pedimos.

Vossos inimigos, todo aquele que vos ofende é um irmão, ame, tolerai, buscai compreender e estaremos sempre convosco.

Desta irmã que vos ama,

Nadir

Irmã Seixa

Falando em nome da paz, tentando encontrar uma solução satisfatória, segue o homem e se depara sempre com a barreira.

Apego aos bens terrenos e o desejo da conquista do poder, pelos caminhos segue falando em paz e fazendo a guerra, usando a cultura para demonstrar orgulho.

Oh! Humanidade infeliz. Onde o amor? Onde a paz?
Vossa vida terrena é tão curta.
Voltai-vos para Jesus e suplicante pedi que de vós tivesse piedade.
Aprenda a viver irmão, aprenda, aqui na Terra, a praticar a caridade.
O semelhante é um irmão, ajude-o de coração e prepara-te para viver, aqui na Terra, e no além.
Aproveitai a chance e sorri; nada de apego.
Deus vos ampara e guia.
Firmeza e sinceridade.
Ama, esquece e confia.
Da irmã,

Seixa

Comunicações do amigo Estrutor — Jésus Gonçalves

Muita fibra meus irmãos, pois é para frente que devemos caminhar, o Evangelho é a bússola a nos orientar. Levantemos a espada da renúncia e do perdão e vamos abrir o caminho para os que seguem atrás.

É nosso dever guiar, não apenas no templo, mas aonde os encontrar. Pratiquemos com amor os ensinamentos do Senhor, libertemos o templo das línguas perniciosas que nos faz escravos.

O que é da terra fica na terra, e que esta doutrina venha iluminar vosso pensamento; que a força e a coragem estejam convosco; que a ofensa encontre o perdão em vossa alma.

Amai, dai o melhor de vós mesmos, servi a todos, fazei preces e ajudai o semelhante a encontrar a paz.

Criança feliz, feliz a cantar, nós estamos na semana da criança e nós adultos perguntamos se estamos agindo certo, se não nos deixamos levar pelo coração satisfazendo todas as vontades ou caprichos da criança.

Amar e educar é usar de energia e disciplinas em todas as horas, e fazer da criança de hoje um homem ou mulher seres humanos libertos de idéias negativas, preparados para respeitar o próximo.

Criança não é enfeite, nem presente que recebemos do Pai celestial, e sim responsabilidades sobre nossos ombros. Um dia teremos de responder por estes espíritos que vêm ao nosso lar para receber educação e instrução.

Amemos as crianças, mas saibamos cuidá-las.

É uma felicidade quando nos reunimos neste templo, mas quando saímos, voltamos aos nossos afazeres enfrentando lá fora as dificuldades reinantes.

Neste exato momento, devemos demonstrar que somos espíritas não apenas da boca para fora, mas convictos da responsabilidade que abraçamos.

Irmão, lembra-te que entidades de maior ou menor envergadura vos observam e um dia responderá por vossos atos; eis porque devemos agradecer pela vossa vinda ao templo.

Aqui aprendemos e ajudamos, mas lá fora é que devemos dar testemunho da nossa fé, e que as oportunidades se renovam.

Lembrai as palavras de Cristo: "Tudo que fizeres ao irmão que sofre, é por mim que estais fazendo".

Que a paz esteja convosco.

Do amigo,

Estrutor

Quando recebemos a oportunidade de vos falar ou escrever, nos sentimos felizes como uma criança, e todas as nossas palavras se perdem de repente e fica apenas o desejo de agradecer ao Pai, isto porque também somos pequenos e estamos nos esforçando para melhorar.

Irmão, a vida continua, não termina após a morte do corpo e feliz daquele que se cuida para não ser chamado de suicida e ter que responder perante o Pai.

Porque não se cuidam; o corpo merece toda a nossa atenção e cuidado; isto porque é o tabernáculo do espírito, cuidai do corpo e da alma para que possam um dia descansar em paz.

Estou cansado, diz o homem, não suporto mais a ingratidão dos amigos, a lamentação não tem fim, isto porque vivemos num orbe de provas e expiação, e todos nós que aqui nos encontramos somos imperfeitos.

Dores, tristezas, aflições nos atingem, porque não fomos vigilantes em vidas anteriores, depende apenas de nós; não busquemos apenas as rosas, mas sim os espinhos que ferem, para nos dar a oportunidade de testarem a nossa capacidade de amar e perdoar.

As flores enfeitam e perfumam o ambiente, deleitam os nossos olhos, mas esta não é a missão que o Senhor nos confiou, mas sim, ajudar os irmãos mais infelizes que enfrentam dificuldades mil para dobrar o orgulho.

O cansaço faz parte das vossas vidas; fortaleçam a vossa fé. Estaremos do vosso lado.

Que o nosso amanhã seja melhor que hoje; se soubermos ter resignação e calma, enfrentando a tudo com amor, o nosso futuro será em breve tudo aquilo que desejamos. Que a força e a coragem estejam conosco para tudo suportar em paz.

Estrutor

O tempo passa rapidamente deixando para trás irmãos que não souberam aproveitar as chances que a bondade do Pai oferece a todos.

Se paramos e nos preocupamos apenas com o nosso bem estar, não podemos nem devemos nos lamentar.

Recebemos inteligência para podermos agir, para buscarmos a nossa melhora íntima. Irmão, tudo o que é material fica na Terra após o desencarne do corpo e se não tiveres bagagem, encontrarás as primeiras dificuldades; desespero e uma tristeza infinita irá vos envolver.

Meditai e pedi forças para trabalhar em nome do Mestre enquanto estais a caminho, o momento é este.

Que o Evangelho seja a vossa diretriz, falai em nome de Cristo, realizai obras generosas, dai o melhor de vós mesmos em prol da doutrina espírita; que a bandeira da caridade e do amor não fique apenas na imaginação, mas em vossas almas.

Amados, que o Senhor vos abençoe e dê muita coragem para seguirem adiante fazendo sempre o bem que possam.

Ciente da responsabilidade que assumimos aqui estamos. Nos permita Deus, que junto possamos trabalhar, hoje, Sexta-feira santa, como se diz na linguagem popular, dia que o homem deve se abster de tudo aquilo que lhe dá prazer, isto é, comer pouco, porém não é comer que prejudica, mas sim o excesso e assim sucessivamente.

Nós queremos o jejuar das coisas erradas, queremos a alegria do dever cumprido, as coisas erradas devem ficar de lado; queremos apenas amor e boa vontade de ajudar e trabalhar em nome de Cristo, não prejudicar a ninguém, somos amigos, somos irmãos, companheiros de tarefas.

Adiante irmãos, lutaremos por um mundo melhor tanto na Terra como no céu e unamos nossas forças imbuídos da melhor boa vontade; sigamos levando uma semente de amor para semear os ensinamentos do Mestre.

Para esclarecer, levemos sempre o melhor de nós mesmos, e caminhemos sempre; as oportunidades irão se suceder e as armadilhas a se multiplicar; fé e coragem, nada de desânimo pois sempre estaremos presentes.

Para vocês, deixo estas palavras: paz, amor, perdão, e meu coração.

Estrutor

Que a bondade não seja apenas uma palavra, mas sim um sentimento, que tudo o que realizamos, quer em palavra, ou atos, seja sempre em função deste sentimento sublime.

Jamais imaginem ter vos atingido um estado de perfeição que vos permitem cruzar os braços. E desfrutar. Quanto maior a evolução, maior o vosso desejo de servir, de fazer o bem, de trabalhar contra o mal servindo de instrumento a bons espíritos.

Vivemos num plano de expiação e provas, e todos estamos sujeitos à tentação, sejamos sinceros, simples e humildes, coloquemo-nos sempre no último lugar e se merecimento tivermos, o Senhor nos dará a mão, nós estamos sempre onde merecemos, onde somos necessários.

Glória a Deus nas alturas, paz na Terra aos homens de boa vontade; o Pai celestial nos ampara dando-nos oportunidades de ajudar mais o nosso próximo.

Por que se preocupa tanto o ser humano consigo mesmo buscando conforto, quando sabemos que iremos receber de acordo com o nosso merecimento?

Olhemos a humanidade com mais amor, olhemos o semelhante como um irmão de caminhada, com os mesmos direitos nossos; não somos mais que os outros, mas, filhos de Deus, imperfeitos ainda.

Procuremos por meio dos estudos um esclarecimento superior que nos permita ver o mundo com olhar de amor e caridade; para com todos sejamos bons sem esperar recompensa.

Orai e vigiai.

Do amigo,

Estrutor

Fala o homem aquilo que traz no coração; nós refletimos em nossas menores reações tudo o que trazemos em nós, o que somos na realidade.

Podemos, irmãos, enganar os encarnados com uma aparência angelical, mas aos espíritos superiores, nada fica oculto; nós sabemos o que se passa no nosso coração, em nossa alma.

Aparência para nós, pouco ou quase nada importa, nos preocupamos sim com o conteúdo; armai-vos de coragem e libertai-vos de tudo aquilo que não servir.

Que vosso amor seja tão grande que não fique apenas na família; que o vosso pensamento venha emitir vibração de amor e que esse sentimento domine vossas vidas.

Onde nos encontramos, marquemos a nossa presença, quer pelas nossas palavras positivas e otimistas, quer pela firmeza com que enfrentamos as situações mais difíceis ou seremos marcados, porque não sabemos respeitar o recinto, depende sempre de nós, das nossa reações, da maneira como nos conduzimos.

Para merecermos o respeito dos nossos semelhantes, se queremos respeito, respeitemos os que nos cercam, encarnados e desencarnados.

Se queremos que nos amem, amemos a todos de igual forma; tudo o que desejamos para nós e que nos faria felizes, façamos aos que nos cercam.

Ocupemos dos outros com muito amor, façamos aos outros o que gostaríamos que os outros nos fizessem, esta é a lei.

Do amigo,

Estrutor

Doravante, não podeis mais alegar ignorância, vossa responsabilidade aumenta assustadoramente, irmãos do Plano Material vos observam, o mesmo sucedendo com o Plano Espiritual, onde espíritos de uma imperfeição bastante acentuada param para não perder um único movimento vosso.

Cuidai pois, para não cairdes em tentação; buscai forças no Evangelho do Mestre que não abandona aqueles que nele confia. Que os ensinamentos do Mestre sejam a bússola vos guiando neste mundo. Que a bandeira da caridade e do amor sejam vosso baluarte; sigam em frente, bons espíritos vos guiam, Deus vela por todos nós.

Educação faz parte do desenvolvimento: colocar-se a serviço do Mestre nas horas certas. A pontualidade e disciplina devem estar presentes em tudo que realizamos, em todos os pormenores; demonstremos que estamos capacitados para trabalhar na seara de Mestre.

Nas horas de tarefas, respeito e silêncio, oração e atenção, tudo é importante neste momento, um minuto de atraso pode acarretar problemas para o Plano Espiritual. Convém lembrar sempre que não estamos a sós, que inúmeros irmãos participam conosco, que vossas vibrações sejam as melhores, que vosso amor seja imenso.

Se querem o Cristo, onde pensam encontrá-lo? Em vossos lares? No local de trabalho? O que fazes para isso acontecer? Ele não está à nossa disposição, pois muitos afazeres reclamam a Sua assistência; depende apenas de uma palavra — caridade, no coração e na alma. Amor para com todos amigos e inimigos, viver hoje, amanhã e sempre respeitando as leis celestiais, e vereis todos os vossos sonhos transformados na mais bela realidade.

Nosso amigo maior estará convosco aonde estiveres.

Deste amigo,

Estrutor

Paz e amor a todos; alegria pelo cumprimento dos deveres; quando amamos, tudo se torna mais fácil e quando agimos da melhor forma sem infringir a lei de Deus, a paz se torna nossa amiga inseparável.

Tudo se torna possível se soubermos agir, pode o homem atingir os píncaros da glória ou uma posição de destaque perante a sociedade e continuar servindo ou seguindo os passos do Messias.

Recebe o homem inteligência para discernir entre o bem e o mal.

Não se pode servir a Deus e a Mamon, mas pode-se perfeitamente viver evoluindo, praticando o amor, perdão, caridade e na medida do possível, o Evangelho do Mestre.

Dos vossos corações devem partir sempre vibrações amigas que ajudam os nossos irmãos.

Nossos olhos vêem, nossos ouvidos ouvem, mas, a nossa inteligência e a nossa razão devem meditar e compreender.

Colocando em ação todos estes ensinamentos, nada deve ficar esquecido, os menores detalhes são importantes; não ocultemos nada de nós mesmos.
Se erramos, se fizemos algo errado, busquemos melhorar. Pelos outros fazemos preces, desculpemos sempre. Quando se trata de nós, sejamos severos conosco, com os outros indulgência, assim deve ser.
Férias querem todos, poucos são os irmãos que se desdobram e lutam por uma vida melhor no campo da evolução espiritual.
A maior parte do ser humano prefere viver um conforto sem esforço próprio, querem uma vida faustosa, apiedemo-nos deles; irmãos desse naipe precisam de preces, de auxílio de todos
Mas amemos os infelizes que se julgam ricos porque têm dinheiro; puro engano, a riqueza vem com as virtudes e todos podemos escolher o caminho que desejarmos.
Seguir livre-arbítrio, a nós cabe apenas ajudar, fazer o que podemos em função do semelhante.
Que a paz do Mestre se faça sobre nós.

Estrutor

Firmes e serenos seguiremos adiante amparados por entidades que não se descuidam um instante, prontas a nos socorrer sempre que necessitarmos.
Irmãos, é pequeno mas podemos crescer, somos ignorantes, mas podemos nos esclarecer, imperfeitos e falhos, mas podemos atingir a perfeição, tudo ao nosso alcance, firmes na fé.
O caminho é árduo e difícil, mas a recompensa é florida. Um dia, iremos sorrir nos lembrando das dificuldades enfrentadas, não busquemos apenas a paz ou a felicidade, mas enfrentemos os maus momentos com a mesma serenidade.
Que de nossos corações possam partir fluidos amorosos para com todos; sejamos bons; unamos nossos esforços e trabalhemos em prol de um mundo melhor.

Seremos felizes se fizermos a felicidade alheia. Adiante irmãos, lutem por um mundo melhor tanto na Terra como no céu e unamos nossas forças imbuídas da melhor boa vontade.

Sigamos levando uma semente de amor para semear os ensinamentos do Mestre. Para esclarecer levemos sempre o melhor de nós mesmos, caminhemos, façamos o bem, seguir, amparar e levantar sempre.

As dificuldades iram se suceder, as armadilhas se multiplicar; fé e coragem, nada de desânimo, sempre estaremos presentes. Querem fibra? Querem paz? Querem conforto? Querem ainda evoluir espiritualmente?

Querem bons espíritos? Respondemos nós, tudo isto é possível, está ao vosso alcance, o Evangelho indica o caminho a seguir, aceitemos o ensino do Mestre, respeitemos o mandamento do Pai — amar a Deus e ao próximo como a si mesmo e sentiremos tornarem-se realidade todos os nossos desejos.

Irmãos, quero deixar patente que a morte não existe, eu aqui me encontro, estou do vosso lado, aprendam a confiar um pouco mais, firmeza nas decisões, ódio e rancor não levam a nada.

Libertem-se dos vossos defeitos e deixem que o amor domine as vossas palavras, pensamentos, enfim, tudo o que fizeres aqui na terra bendita, muita confiança.

Do amigo,

Estrutor

CAIRBAR DE SOUZA SCHUTEL

Do alto virão as forças sustentando-nos na fé, encorajando-nos a seguir de perto os passos do Mestre amantíssimo.

Se hoje enfrentamos provas que exigem de nós muita serenidade e resignação, se espinhos ferem nossos pés, se maledicência nos atingem em cheio, se a ingratidão de amigos e parentes nos ferem, elevemos nosso pensamento agradecendo aos céus. Bendizei os maus momentos, orai pelos irmãos infelizes que agridem, que causam o sentimento alheio, orai com todas as forças de vossas almas, perdoai, sejam leais companheiros de jornadas, façam o bem, ajudai sempre, quer com palavras, quer com o pensamento ou por atos generosos e a felicidade irá vos surpreender.

Em silêncio trabalhamos; nem sempre os irmãos sabem de nossa presença, muitas vezes retiramos de vosso caminho obstáculos aparentemente intransponíveis.

Cuidamos da vossa saúde por meio de passes que vos são ministrados com o intuito de devolver vossa saúde abalada e apesar das bençãos do dia, as que recebeis diariamente, o ser humano continua a viver de acordo com os seus gostos e paixões.

Sem fazer o mínimo esforço para se libertar dos seus defeitos, a reforma íntima fica para depois ou então como dizem eles, para os trabalhadores devotados, cujas condições lhes permite agir dessa forma.

Mas nós imploramos, chegou o momento da libertação, deixem de lado tudo o que não serve.

O Evangelho está à vossa disposição; nada de hesitação; esforcem-se para seguir os passos do Mestre.

Do amigo,

Cairbar

Feliz do irmão que comparece ao templo trazendo paz no coração, amor e muito respeito. Lembrem-se de que as entidades que nos assistem não estão à nossa disposição, mas, trabalhando em nome do Mestre. Buscai e achareis, saibamos buscar. Se quisermos que os outros nos compreendam, se queremos que os outros nos ajudem, nos amem, sejamos nós os primeiros a agir dessa forma; educação e disciplina devem estar presentes em nossos gestos e palavras, hoje, amanhã e sempre.

Orai e vigiai a fim de que não venhamos a cair em tentação; as trevas e a luz seguem paralelas, confiai nos amigos do alto, que se desdobrem na missão de servir.

Ajudemo-nos a fim de tornar mais fácil a tarefa dos espíritos, unidos de mãos dadas, plano espiritual e material; ninguém carrega fardo tão pesado cujas forças não possam suportar.

Quero vos falar de amor e que este sentimento venha crescer puro em vossos corações qual frondosa árvore, cujos ramos venham agasalhar a humanidade dando frutos sadios, com sabor de bondade.

Amai, despertai aqueles que convivem convosco, nada de autoridade, mas firmeza.

O amor é sentimento elevado, sabe perdoar, compreender, nada espera porque não é ambicioso, mas ajuda sempre, tem sempre um sorriso e uma palavra amável para com todos.

Amor e paz caminham juntos; alegria e felicidade lhes seguem os passos.

Desfruta dessa doutrina orientadora cuja luz abrange os quatro cantos deste orbe.

Ama querido, trabalhando onde estejas, onde fores, ama com quem estiveres, dentro do lar, no templo de oração e o céu virá habitar contigo.

Deste amigo,

Cairbar

Glória vos damos Senhor, por estes momentos que buscamos na Terra ajudar os nossos irmãos mais infelizes, porque, ainda presos à matéria, não se conformam com os sofrimentos que os tocam de perto.

Ajudamos porque aprendemos a fazer o bem e somente por meio da caridade evoluímos; esta doutrina não apenas ajuda ao ser encarnado mas a todos nós.

Demonstramos as nossas melhoras pelas nossas ações, do nosso desejo de servir, demonstramos que estamos melhor quando amamos aos que nos cercam, amigos e inimigos, isto porque todos somos irmãos; esta doutrina nos ensina a seguir em frente.

Em silêncio amados meus, trabalhamos aqui e acolá, não importa o local, é o nosso amor que deve prevalecer, ajudando as pessoas a encontrar o caminho, que aos poucos farão da reforma íntima uma necessidade urgente.

Força e coragem pedem os irmãos, mas será que se esforçam para combater o mal? Será que lutam para deixar o orgulho de lado? Ou, será que apenas pedem por pedir?

É necessária muita sinceridade, muita firmeza de propósito, que não vacilem, não hesitem, para que vossa luta tenha cobertura dos céus, porque eles ajudam, mas exigem obediência e disciplina.

Nos mandamentos de Deus e nos ensinamentos de nosso Senhor Jesus Cristo, amor, caridade e perdão devem estar em vossos corações hoje, amanhã e sempre.

Amados, olhai os lírios do campo crescendo, embelezando as campinas, Deus vela por eles, nãos lhes faltam água nem o necessário, devemos confiar no Pai, ele olha por nós apesar de nossas imperfeições.

Todos podemos embelezar onde nos encontramos com a nossa maneira de agir.

Trabalhemos em silêncio.

Do amigo,

Cairbar

A seara de Cristo é imensa. Há trabalho para todo irmão de boa vontade, não apenas no templo, mas onde nos deparamos com irmãos que sofrem.

Se for necessária a nossa presença, saibamos estender sempre a nossa palavra com amor aos que nos cercam.

Geralmente não damos muita importância; no entanto, dentro do lar nos deparamos com espíritos que vieram a fim de evoluírem conosco; estes irmãos testam a nossa paciência. Procuremos encará-los como espíritos inferiores exigindo atenção e cuidados especiais; que o nosso amor seja tão grande, seus frutos tão doces e seu aroma tão delicado como as flores do campo.

As borboletas deixam o casulo e se lançam pelo espaço infinito num vôo majestoso; assim também nós deixamos um dia o corpo na terra e nos lançamos no infinito, porém os insetos não são dotados da razão, mas nós recebemos a inteligência do Pai e nada podemos alegar em nossa defesa a não ser que não fomos vigilantes.

Cuidemos ao máximo para não cairmos em tentação, pois podemos e devemos resistir às trevas que buscam nos envolver. Graças por esta chance.
Do amigo,

Cairbar

Feliz me encontro, entre vós, dando testemunho de que a morte não existe, porque a nossa alma liberta como o pássaro busca a liberdade e geralmente se defronta com o mesmo problema: sofre a não vigilância que ainda estamos envolvidos.

Somos iludidos pela ilusão da matéria e queremos apenas satisfazer o nosso corpo, mas, Deus é Pai e concede a todos a oportunidade de nos reformarmos, mas impera sempre a lei do livre-arbítrio, isto é, liberdade de ação.

Encaremos a realidade e sejamos fortes para nos libertarmos de nossos defeitos, para um dia enfrentarmos o juiz supremo com serenidade.

Muitas vezes o sofrimento chega para nos alertar que chegou o momento de ligarmo-nos a Deus por intermédio da prece. Somente a aflição e o desespero têm o poder de fazê-lo.

Homens, baixar a cabeça buscando no alto o que lhe falta aqui na Terra, nem sempre o que parece um mal, o é na realidade. Usai a inteligência que recebera para entender que determinado teste vem provar vossa capacidade de amar e sofrer para fazer os outros felizes.

Orai e vigiai com muita confiança.

Cairbar

Quando ouvimos o Evangelho e ficamos imaginando, como seria bom se o mundo inteiro se transformasse de imediato e a maldade viesse desaparecer da face da Terra.

Imaginamos sempre um mundo melhor, mas será que não podemos ajudar nesta evolução? É ajudando a humanidade que estaremos servindo o nosso Mestre Jesus. Não esperemos apenas o melhor, mas trabalhemos para melhorar os nossos corações. Temos conhecimentos que o amor nos domina, que a boa vontade está conosco.

Irmão, ajudai, compreendei que amar é perdoar; façamos sempre aos outros o que gostaríamos que os outros nos fizessem e estaremos ajudando o nosso irmão a ser feliz.

Decorre que nem sempre nos foi permitido fazer tudo aquilo que gostaríamos de realizar em prol de um mundo melhor. Não podemos infringir a lei de Deus nem mudar o livre-arbítrio modificando o merecimento.

Cada irmão deve lutar por aquilo que deseja com bom ânimo, pois somente os que lutam conhecem o sabor da vitória. Nós assistimos, mas pedimos que sigam enfrentando a todos com as armas do amor e do perdão, não temam o futuro, sigam sem ferir, nem magoar ou humilhar o semelhante, elevem o pensamento ao Pai e digam: Obrigado Senhor pela vida, pela inteligência e pelas oportunidades.

Força para tudo enfrentar com amor no coração, somente assim poderá galgar os degraus evolutivos. Para os irmãos, amor e muita fé em Deus.

Deste amigo espiritual que vos ama,

Cairbar

Compreenda, irmão, aquele que se aproxima de ti sem exigir compreensão. Seja para com todos um irmão dedicado, amoroso e sempre pronto a assistir a quem quer que seja, amigo ou inimigo, branco ou de cor.

A Deus não importa as aparências, mas sim aquele sentimento fraterno que nos une uns aos outros, ajudando-nos mutuamente. Entenda que a felicidade consiste em fazer os outros felizes.

Libertemo-nos das preocupações, seremos recompensados um dia; armemo-nos de coragem, reformemo-nos o mais depressa possível a fim de amarmos o nosso semelhante como um irmão de jornada.

Ó Deus de bondade, ajuda, tende piedade desta pobre humanidade que não teve forças ainda para se libertar da maldade e busca com ansiedade satisfazer a vaidade, que infelizmente traz na alma e no coração.

Não se preocupa nunca com a sorte do irmão. Óh homens, despertai, o Evangelho nos ensina, lutai com as vossas armas, reparte vossa riqueza e jamais irá faltar o pão em vossas mesas; o dinheiro não é tudo, porque é material e um dia na Terra fica.

Se souberem como agir praticando a caridade, terão a felicidade no seu caminho a brilhar, como uma luz bendita, fazendo as almas aflitas encontrar em fim a paz.

A riqueza meus queridos, está nos bens repartidos, no consolo que se leva, nas lágrimas que se enxuga, no bem que se faz na Terra; sigam em frente trabalhadores de Jesus, não temais a tua cruz, ajudai e sigai em frente, façai o bem a todos; nós estaremos convosco dando-vos reconforto, segurando a vossa mão e pedindo ao nosso Senhor as bênçãos do seu amor.

Deste amigo,

Cairbar

Amar sem distinção de crença, raça ou cor, ajuda sem esperar recompensa, compreender os que nos cercam, ter paciência, tolerar, ser indulgente, demonstrar que esta doutrina não está apenas em nossa boca, mas sim em nosso coração, em nossa alma. Esforcemo-nos, lutemos mesmo com todas as forças a fim de que o amor venha germinar em nós, dando condições de praticarmos a caridade aqui na Terra enquanto temos um corpo carnal e podemos ser úteis como trabalhadores, cumprindo com os nossos deveres materiais e espirituais.

Do nosso esforço depende a paz de outras criaturas se soubermos agir; nossos gestos e atitudes servirão de exemplo para

outros irmãos; curvemo-nos diante da magnitude do Pai com humildade.
Devemos agradecer o carinho e o amor com que os amigos espirituais nos amparam. Paciência diante do infortúnio, dos momentos difíceis, tudo passa, acaba. O sol volta a brilhar; amanhã será um outro dia; hoje parece tudo triste, mas amanhã tudo vai melhorar, muita calma. Deus é amor e ampara a todos; fazer preces é se ligar ao alto.
Mediunidade não é doença, mas, ferramenta de trabalho; agradeçam esta faculdade que receberam e não deixem enferrujar esta graça que recebestes.
Deixo um forte abraço a todos.
Do amigo,

Cairbar

As tarefas que recebeste exigem de ti equilíbrio e ponderação; antes de agir convém refletir, elevar o pensamento ao Pai, pedir assistência e aceitar a resposta, respeitando o compromisso assumido com o Plano Espiritual.
Quase todos na sua maioria fazem preces e pedem ajuda, porém uma maioria aceita a verdade que chega por meio do pensamento ou por intermédio do verbo de um amigo, de alguma forma, a resposta se faz ouvir.
Diante da lei divina não existe privilégio, porque todo privilégio seria uma preferência e toda preferência uma injustiça.
Somos iguais engatinhando rumo à perfeição e lá chegaremos se soubermos viver de acordo com a lei que rege a natureza, onde tudo trabalha, onde nada se perde.
Sorria e erga-te diante da vida, não tema as aflições que te machucam; sorrindo, enfrente a realidade. Os amigos espirituais se enternecem quando te vêem enfrentar, mesmo chorando ou sofrendo.
Quando acordares de manhã, que tua prece seja sincera, como as flores que desabrocham quando chega a primavera espalhando leve aroma.

Assim deve ser querido; confiamos em vocês; continuem as vossa lutas amando e servindo a todos, não importa raça ou cor, trate a todos com amor.

Quando partires deixarás na Terra saudade e emoção; hoje tens a chance, o trabalho esta aí, amanhã tudo melhora; segue, abra os braços e confia na bela e suave Maria que enfrentou grandes martírios por amor do vosso filho Jesus.

Olhai irmão os lírios dos campos, as flores que vicejam ao sol, a brisa leve que passa, os riachos que cortam a terra, o sol que aquece, a chuva molhando a terra e sentirás o amor de Deus sobre nós, amparando a todos.

Do amigo,

Cairbar

Com amor, venho vos saudar, pedindo ao Pai que vos abençoe. Irmãos, todos nós que aqui nos encontramos somos carentes de proteção do Senhor; coloquemo-nos na devida posição de filhos imperfeitos e sintamos a necessidade de melhorar.

O tempo é o refúgio onde nos reunimos para estudar e aprender dentro das normas confiados a nós pelo Espiritismo; saibamos seguir em frente, de mãos dadas com o Plano Espiritual.

Saibamos trabalhar com afinco dando o melhor de nós mesmos em prol de um mundo melhor e que o nosso amor não seja uma quimera, mas uma verdade tangível, que o nosso coração esteja sempre disposto a fazer o bem, que a crítica ou as ofensas ou ainda a ingratidão que recebemos, não venha se constituir em motivo para cruzarmos os braços.

Em amor e caridade se resume toda doutrina de Cristo, se quiserem a paz, busquem, se desejam a felicidade, façam por merecer; é fazendo o bem, ajudando, conduzindo, e amparando que recebemos a total cobertura dos céus.

Estamos presentes onde somos solicitados, porém não se esqueçam que servir ao próximo, é muito importante. Esta doutrina nos ensina o caminho a seguir, ninguém em sã consciência pode dizer que não sabia, todos recebemos igualmente a cada

segundo suas obras, nada de tristeza nem de lamentações, muito trabalho.
Do amigo,

Cairbar

Fulgurante, aureolado de luz suprema.
Diz a amiga: não tema quando o sofrimento chega ao auge.
Acalma o cansado coração e ora com emoção, terna e suave oração.
E sentirás de pronto, as bênçãos do reconforto, dando força ao teu corpo,
Para continuar na terra
A trabalhar em prol de um mundo melhor, para nós e para todos.
Assim é a lei do amor, lei que nos leva ao Senhor,
Não com palavras, nos atos amigo irmão.
Peço-vos, esquecei todos os males
Não importa vossa idade,
Mas sim o sentimento de caridade, que vibra e respira em ti.
Que esta chama celeste, que suaviza e aquece ao irmão faminto e pobre,
Espírito do universo, levai a todos os cantos, uma prece, uma ajuda.
Espalhai esta doutrina.

Cairbar

Pelos caminhos segui, esperando encontrar adiante uma fonte de águas claras, a fim de saciar a minha sede.
Mas qual não foi a minha surpresa, ao me deparar com um amigo espiritual que me disse em poucas palavras:
"A água que buscas não se encontra nesta fonte, mas sim no Evangelho do Mestre, não deixe que o tormento da inveja, do ódio, do orgulho, maltrate o teu coração."

Segue irmão fazendo bem na Terra.
Um benfeitor alivia dores, acalma.
Manifesta o teu desejo de servir, segue o exemplo do bom samaritano.
Ajuda a conduzir, guiar movido apenas pelo sentimento de caridade.
Não podemos servir a Deus e a Mamon.
O que é da terra, fica na terra.
Mas, somos um espírito e um dia tornaremos ao Plano Espiritual.
Eu vos falo dessa forma, porque isso aconteceu comigo.
Na minha última encarnação não perdi a chance.
E hoje feliz quero agradecer.
Deixo um abraço a todos os freqüentadores desta casa.
Aos tarefeiros, meu respeito.

Cairbar

Pai de amor e misericórdia, apiede-te de todos nós que buscamos melhorar.

Encontramos tantas dificuldades neste caminho; estamos engatinhando e um dia lá chegaremos; contamos sempre com a tua ajuda porque sozinhos nada somos.

Ajuda, tenha piedade, nós nos propomos trabalhar nesta seara bendita. Que teu Evangelho nos dê coragem para seguirmos em frente e que possamos amar a todos, que saibamos renunciar.

Quando chegar a hora do testemunho, que as forças não nos abandone; quando tivermos de dobrar o orgulho, perdoando ofensas, que a nossa alma seja um ninho agasalhando a todos.

Irmão, limpa o teu coração e a tua alma de sentimentos negativos que fazem sofrer; experimente perdoar, esquecer uma ofensa; sentirá fortes e suaves fluidos encorajando-o a prosseguir.

Não podemos nos deter, a estrada é longa, o chão coberto de espinhos e pedras, machucando vossos pés. Vossa resistência, vossa perseverança, vos fará seguir em frente.

Irmãos queridos, lutarão lado a lado, ombro a ombro e nosso ideal irá brilhar como um sol radioso. Que a bandeira da caridade

esteja sempre em nossas mãos inspirando-nos o amor piedoso sem esperar recompensa. Que o Mestre nos ilumine e nos dê forças para vencer.
Do amigo,

Cairbar

Amai-vos uns aos outros. De mãos dadas venceremos todas as dificuldades; ninguém está só e que todos sejam amigos leais; irmãos de fato, não busquem desculpas.

Precisamos de trabalhadores que tenham coragem de esquecer uma ofensa, de levantar o que esta caído, precisamos de irmãos devotados. Não somos perfeitos, mas não podemos cruzar os braços, o Evangelho indica o caminho a seguir; ide em frente, doutrina não é apenas rótulo, mas sim tarefas, muito trabalho.

Segue em frente peregrino, o cansaço faz parte do trabalho e o trabalho é bênção. Levantai vossas cabeças sem temer, procurando converter as trevas em luz.

Luz é este caminho que conduz a planos celestiais, onde o amor é mais amor, porque a bênção do Senhor aquece e purifica as vossas almas aflitas.

A trevas existem, mas, o sol afasta para longe o mal que existe; porém a verdade fala mais firme, não deixa dúvidas, recursos imensos estão ao nosso alcance, todos podemos semear a paz, todos podemos falar com brandura, podemos estender nossas mãos em auxílio fraterno, podemos sorrir.

Utilizemos nossos recursos e sejamos irmãos de todos que nos cercam, a uma ofensa respondemos com um perdão e diante do mal façamos o bem.

Agradecido.
Do irmão,

Cairbar

Feliz são todos os que recebemos do Pai a chance de aprender; que o nosso reconhecimento se faça sentir no momento em que nos esforcemos para gravar estes ensinamentos e procuremos dentro do possível praticar, cultivando gestos nobres, atitudes que condizem com as nossas responsabilidades.

Sejamos melhores hoje do que fomos ontem, e melhores amanhã do que fomos hoje; estaremos juntos hoje, amanhã e sempre.

Bom Deus onipotente, que ajuda a todos, agradeço com amor porque puderam meditar por alguns momentos ouvindo o Evangelho, que da criança ao velho a humanidade instrui.

Hoje, feliz ofertamos nossa prece e vibração aos nossos queridos irmãos que lutaram para ensinar a todos a se amar.

Como amigo, como irmão que teve seu coração ferido pela ingratidão que sofreu e que chorou, mas a todos libertou com esta doutrina bendita e hoje assiste e guia com a mesma valentia.

Nós falamos de Kardec, esse irmão que desbravou para todos nós, onde possamos viver ajudando nosso irmão com amor e vocação para a codificação.

Cairbar

Pai, implora o homem, ajuda teu filho na Terra que sofre e chora muito; aqui tudo é tão difícil, a maldade é muito grande, não existe amizade, e o amor sumiu.

Não desampara, tem dó, ajuda, mas, ajuda a todos nós, as crianças sofrendo fome e frio; há muitas enfermidades, muita tristeza e dor, muitos ricos e avarentos e perguntamos:

Por que isto meu Senhor?

Meus queridos irmãos da Terra, trabalhadores de Jesus, assumam a tua cruz, não chorem, enfrentem os problemas, ergam a cabeça e vejam o esplendor do Universo, as estrelas cintilando, a brisa leve passando e o perfume das flores.

Se a maldade existe, é porque o homem persiste na estrada larga, sem querer se libertar, temendo enfrentar seus próprios defeitos.

Se ontem falhamos, hoje enfrentamos o resultado dos nossos erros. O nosso hoje, é o resultado do nosso ontem, aceitemos o Evangelho do Mestre; curvemo-nos diante de tanta sabedoria e, na medida do possível, pratiquemos aqui na Terra tudo de melhor que pudermos, não esperemos pelo amanhã, porque pode ser tarde demais.

Enfrentemos o que estiverem no nosso caminho, tarefas nossas devem ser executadas por nós; ama e segue em frente, trabalhar sem temer o cansaço, ajudemos com uma única intenção, erguer, consolar, estar em fim preparados.

Nunca colocarmos um fardo pesado sobre os ombros de um irmão despreparado. Estamos sempre no lugar certo, mas, o momento chegou; vamos seguir o Senhor e de mãos dadas venceremos.

Que o bom Deus dê a todos nós coragem para vencer, forças para perdoar e muito amor para dar.

Do amigo de sempre,

Cairbar

Entre perigos segue a humanidade terrena, sofrendo, chorando ou dando vazão às lamentações, mas podemos caminhar sobre espinhos, pisar e calmamente sorrir, agradecendo com fé a chance que chegou como um presente dos céus.

Os espinhos existem, foram por nós colocados, pelos caminhos alheios; mas pela bondade do Pai, nossos pés irão ferir e nos fazer sentir que aquele que nos fere é um irmão doente por isso mais carente da nossa compreensão.

Amemo-nos como irmãos, esquecendo a vaidade e o orgulho. Olhando para frente sentiremos que presente, o bom Jesus observa nossos gestos, nossos atos, confiemos de fato no humilde redentor; ofertemos o nosso amor e o nosso sentimento.

Seremos trabalhadores, esquecendo as nossas dores, para pensar no irmão querido do coração que muito espera de nós.

Pai de amor e misericórdia, tenha piedade de todos nós que buscamos melhorar, que encontramos tantas dificuldades nestes caminhos.

Estamos engatinhando e um dia lá chegaremos, contamos sempre com a tua ajuda, porque sozinhos nada somos.

Nos propomos trabalhar nesta seara bendita. Que teu Evangelho nos dê coragem para seguirmos em frente e que possamos amar a todos.

Que saibamos renunciar quando chegar a hora do testemunho; que as forças não nos abandonem quando tivermos de dobrar o nosso orgulho, perdoando ofensas; que a nossa alma seja um ninho de amor agasalhando a todos os irmãos necessitados.

Em frente irmãos.

Do amigo de sempre,

Cairbar

Quando o sofrimento se torna insuportável, ergamos o pensamento ao Pai e oremos. Quando oramos somos fortalecidos, e quando recebemos forças é sinal evidente que devemos trabalhar fazendo por merecer as dádivas celestiais.

Recebemos sempre de conformidade com o merecimento, que o nosso desejo seja o de prestar ajuda, isto é, nos tornarmos úteis, de braços abertos e a mente ocupada, as tarefas dos amigos espirituais se tornarão mais fáceis.

Amai sempre, irmãos, com a preocupação única de ajudar, sorrir diante da luta; a calma diante do imprevisto, nosso coração deve ser uma fonte de águas cristalinas de caridade e amor com todos.

Tarefeiros de Jesus, irmãos, a nossa responsabilidade aumenta na medida em que nos evangelizamos, que buscamos o Cristo por meio de preces ou de nosso pensamento, porque é dessa maneira que nós nos elevamos aos céus.

A caridade faz com que espíritos superiores venham nos confortar, suprindo deficiências ou restrições nossas.

Mas se somos sinceros em nossos pedidos, realmente nos colocamos em posição de trabalho; estejamos certos que nossas provas serão amenizadas na medida do possível, porém, este detalhe não deve ser motivo de preocupação, trabalhemos em nome de Cristo, dando o melhor de nós mesmos.

O sofrimento, o desalento, a aflição, o cansaço, o tédio existem, porém contamos com vossa inteligência que irá vos guiar a espíritos iluminados que lhe darão forças, coragem, paciência e compreensão e que serão as vossas armas.

Oh! seres humanos imperfeitos e falhos, buscai não apenas a melhora do corpo, mas também a melhora da vossa alma.

Enfrentai os imprevistos e as dificuldades, tudo o que estiver no vosso caminho, com amor. Elevai o vosso pensamento ao Pai e pedi forças e coragem; que o orgulho e vaidade não vos faça tropeçares; confiem e receberão tudo o que estão necessitando.

Hoje eu vos saúdo em nome de Cristo.

Do amigo de sempre,

Cairbar

Mimosas florezinhas enfeitavam o ambiente. Um leve perfume se fazia sentir, um início de crepúsculo suave envolvia todas as coisas. De repente em uma pequena casa, lamentações se faziam ouvir, tudo era motivo para choro; insatisfeitos com a vida, porque diziam que a felicidade demorava a chegar e os irmãos infelizes não mais suportavam.

Tudo era de uma beleza multicor, a paisagem, as flores, a brisa; apenas os irmãos estavam preocupados consigo mesmos e nada viam.

Isto acontece ainda hoje com a humanidade insatisfeita.

Paremos um pouco e meditemos e veremos que não há motivo para tanto desespero. Limpa o teu coração e a tua alma de sentimentos negativos que fazem sofrer, experimente perdoar, esquecer uma ofensa; sentirá fortes e suaves fluidos encorajando-o a prosseguir.

Não podemos nos deter, a estrada é longa, o chão coberto de espinhos e pedras machucando os nossos pés, mas nossa persistência e perseverança nos farão seguir em frente.

Irmãos queridos, lutarão lado a lado, ombro a ombro e nosso ideal irá brilhar como um sol radioso; que a bandeira da caridade esteja sempre em vossas mãos inspirando-nos o amor piedoso sem esperar recompensa.

Que o Mestre nos ilumine e nos dê forças para vencer.

Do amigo,

Cairbar

Novamente juntos, comungamos o mesmo ideal buscando nos aprimorar, testando nossa capacidade de amar, embora lutando com todas as nossas forças e sentindo estremecer cada fibra.

Sentindo a nossa pequenez diante do criador, analisando com muito cuidado o terreno a fim de pisarmos firme e decidido, enfrentando as intempéries reinantes.

Mas iremos em frente, porque *o trabalhador não esmorece, mas rega o terreno com o próprio suor.* A fadiga e a resignação serão a certidão dada às lutas.

Que as oportunidades de trabalho venham ao nosso encontro, amando os nossos irmãos e de mãos dadas venceremos todas as dificuldades. Ninguém está a sós; nós velamos e pedimos que todos sejam amigos leais, irmãos de fato.

Não busquem desculpas para criticar. Precisamos de trabalhadores que tenham coragem de esquecer uma ofensa, de levantar o que estiver caído, precisamos de irmãos devotados.

Não somos perfeitos, mas não podemos cruzar os braços, o Evangelho indica o caminho a seguir, ide em frente, doutrina não é apenas um rótulo, mas tarefa e muito trabalho.

Quando o sofrimento se torna insuportável, ergamos o pensamento ao Pai e oremos — seremos fortalecidos, e quando recebemos forças, é sinal evidente que devemos trabalhar fazendo por merecer as dádivas celestiais, recebendos sempre de conformidade com o nosso merecimento.

Ao entrarmos no templo, que o nosso desejo seja o de prestar ajuda, isto é, nos tornarmos úteis, de braços abertos e a mente ocupada; a tarefa dos amigos espirituais se tornarão mais fáceis.

Amai sempre, irmãos, com a preocupação única de ajudar; sorria diante da luta, calma diante do imprevisto; nosso coração deve ser uma fonte de água cristalina, caridade e amor com todos.

Cairbar

Paz e amor, Ramatis
Por certo espera os irmãos uma palavra amiga, uma palavra de consolo, mas, aos trabalhadores da seara do Mestre nós falamos com firmeza e com amor, não queremos melindres, nem lamentações, mas, trabalho e realizações.

Queremos seareiros honestos, que sabem o terreno que pisam e seguem com firmeza, nada os detém, porque sabem que não terão recompensa nem elogios da nossa parte, e sim terão forças e coragem para enfrentar obstáculos.

Quando nos deparamos com o sofrimento e as dificuldades, imaginamos que estamos atravessando um vale sombrio e que logo após iremos nos defrontar com um vale verdejante onde as flores vicejam, onde pássaros cortam os ares, onde iremos encontrar mais facilidade para viver, onde as nascentes se sucedem.

Perguntamo-nos, por que desespero? Por que aflição? Se o ser humano confiasse um pouco mais no Pai, ele iria reagir com serenidade, teria resignação.

Diante dos imprevistos, amados meus, suportai as provas, alegrai-vos com as oportunidades, ninguém recebe uma carga demasiadamente pesada que não possa carregar.

O tempo passa rapidamente, aquilo que hoje parece difícil, amanhã os irmãos compreenderam que a vida é bela, que o sofrimento é nada comparado com as alegrias e a paz que vos esperam na eternidade dos tempos.

Paz e amor.

O Cristo foi um modelo de virtudes, amou a humanidade e morreu em uma cruz para nos deixar exemplos. Disse que todos poderiam fazer o que ele fez e muito mais; recebe o homem a inteligência, o raciocínio rápido, recebe enfim tudo o que necessita para viver aqui na Terra.

Vem o Espiritismo e coloca diante dele todo um manancial de ensinamentos, o roteiro a seguir, de como deve se conduzir diante das dificuldades e apesar de tudo ele vacila e acaba se deixando levar pela ignorância demonstrando falta de vigilância.

Onde estão os conhecimentos adquiridos? Será que a doutrina redentora não criou raízes em seu coração, em sua alma? Cuidado irmão, em tudo aquilo que realizar.

Eu não quero morrer — repete o ser humano com freqüência, temendo este momento como um suplício, antevendo sofrimento, porém, se na nossa vida suportamos injúrias, perdoamos as imperfeições alheias, nada teremos que temer; porém, se a nossa consciência nos acusa é sinal mais que evidente que algo está errado, paremos um instante para meditar e olhemos para nós mesmos.

Se o nosso desejo de melhorar é sincero, comecemos por nos reformarmos interiormente, nos libertando dos defeitos; quanto mais difícil a luta, maior o merecimento de acordo com o nosso estado espiritual; com o vosso amor é que a assistência espiritual se fará presente.

No Espiritismo não existe mistério, tudo é claro como a luz do sol, a escuridão existe na alma dos irmãos que não se preocupam com a palavra. Doutrina, dizem eles, fica para os santos, a vida é muito boa para perder tempo com ninharias. Pobres irmãos, se soubessem o tempo precioso que estão perdendo, eles iriam parar de súbito e assustados elevariam os olhos aos céus arrependidos, pediriam perdão.

Isto é missão ou dever que cabe a cada um de nós. A responsabilidade não deve nos assustar, aceitemo-la com amor e sigamos adiante amparados por nossos amigos espirituais com uma prece nos lábios e o perdão no coração e na alma.

A vida é pequena demais para perdermos uma oportunidade; rejubilai-vos, agradecei-vos e segui adiante que o meu amor vos acompanhará.
Paz e amor.

O tempo é pequeno, passa rapidamente e nós devemos aproveitar cada instante, cada momento.
Todo minuto é precioso, uma palavra de consolo custa muito pouco; uma prece, um pensamento, não exige mais que alguns segundos.
Por que hesita diante da chance que recebemos com a vida? Todos podemos nos melhorar, todos podemos nos colocar aqui na Terra a serviço do Mestre.
Por que hesitar, perguntamos nós? Tudo que vos agrada é ilusório, as coisas da terra satisfazem mas não preenchem o vazio que sentem dentro da alma.
Deixe que o Evangelho guie as vossas vidas e dê o entendimento necessário para seguir em frente.
Queridos, nem sempre tudo corre às mil maravilhas; dificuldades aparecem, mas, com calma e serenidade, conseguiremos vencer.
Quando temos fé não duvidamos e nos preparamos para lutar com as armas do amor e do perdão; assim podeis contar com a assistência dos amigos espirituais.
A porta está sempre aberta para todos, mas, é o ser humano que deve dar o movimento, isto é, dar os primeiros passos e seguir em frente, esforçando-se.
Que a paz e o amor se façam presentes em vossos corações e que a infinita misericórdia do Mestre vos ilumine agora e sempre.
Paz e Amor.

Algumas poesias inspiradas por Maria Galisteu

Maria e João

Maria moça bonita,
Educada na cidade
Tinha fartura e beleza
Mas, cadê felicidade?
Carro e muito dinheiro,
Casa chique e posição,
Nada disso satisfaz
Um ansioso coração.
Maria vivia triste,
Mesmo tendo tudo nas mãos,
Afinal, o que faltava
Ela não sabia não.
Foi passear na fazenda,
Buscando na solidão

Encontrar a paz perdida
Com tanta desilusão.
Lá na beira do riacho,
Olhando correr as águas,
Ela viu um cavaleiro
Que dela se aproximava.
Quem é que pode explicar
O milagre do amor
Que acaba unindo duas vidas,
Como a pétala e a flor.
Maria, hoje é roceira,
Está vivendo no sertão,
Trocou a vida luxuosa
Pelo amor do João.
Hoje, ela é feliz,
Sabe sorrir e cantar,
Esperar por seu amor
E no seus braços sonhar.

CABOCLA SERTANEJA

Sou cabocla sertaneja
Vim passear na cidade
Com meu vestido de chita,
Toda cheia de vaidade.
Botei flor no meu cabelo,
Fiquei satisfeita da vida,
Fui dar umas voltinhas
Na principar avenida.
Dizem que sou bonita,

Quar gente isso é boato.
Esse povo só que sabe
De goza a gente do mato.
Aqui tudo é diferente
Do meu querido sertão,
Os home faiz caçoada
Se me vê de pé no chão.
Ai que vergonha seu moço
Não fico aqui, vou-me embora,
Porque a moça da cidade
Anda quas perna de fora.
Não gostei desta cidade
Vo vorta pro meu sertão,
Pois lá deixei o João
Que é meu amor de verdade.
Nem preciso me enfeitá
Pra agradá meu amor,
Descarsa de pé no chão
Pro João eu sou uma flô.
Vou me casá é com João
Que é caboclo dos bão
E vou ser feliz de fato
Vivendo no meu sertão.

Garoa

Garoa que vem do céu.
Garoa das treze listras.
Garoa você é São Paulo.
Garoa você é paulista.

Garoa que vem do alto
São lágrimas do Senhor,
Caindo sobre a cidade
São sementinhas de amor.
Garoa gatinha brilhante
Que chega serena e calma,
Com mistério e poesia
Traz alegria a minha alma.
Garoa tristeza infinito,
Eu quero secar teu pranto
Caminhando pela noite,
Me envolves no teu manto.
Garoa estranha e singela
Sinto ciúme e desvelo
Desse pingo cintilante,
Brincando nos teus cabelos.
Nas alamedas desertas,
Fico vagando à toa,
Tenho os cabelos molhados,
Isto é noite de garoa.

Namorados

O dia 12 de junho
Para os jovens é sagrado
São sonhos que se entrelaçam
No dia dos namorados.
Amor é como a alvorada
Em seu louvor todos cantam
São lábios que se entrelaçam

Num sorriso de esperança.
Cupido anjo peralta,
De flecha sempre na mão,
Nunca erra a pontaria,
Atinge sempre o coração.
O sentimento sublime
Chega com suavidade,
Não respeita compromisso
O amor não tem idade.
É rosa que desabrocha,
É cálice de licor,
É sorriso de criança,
É lagrima de amor.
Amor é tudo isso,
É lindo sonho dourado,
É a felicidade esperada
No coração dos namorados.
Amor tesouro sagrado,
Nossos destinos conduz,
Transformam pétalas em flor,
Transformam trevas em luz.

OLHOS NEGROS

Olhos negros sedutores
Fazem pensar e sonhar,
Têm o mistério da noite
E a beleza do luar.
Pelos jardins solitários,
Vou seguindo devagar.

Feliz sonhando acordado
Pensando no teu olhar.
Olhos negros feiticeiros
Chamam logo a atenção,
É arma que não assusta
Mas feriu meu coração.
As brumas da madrugada
Vão deixando leve aroma,
Vejo a alegria brilhando
Nos teus olhos de Madona.
Olhar que não se esquece
É sonho que floresceu,
São duas estrelas perdidas
Na noite dos olhos teus.
Olhos negros sonhadores,
Da vida tens o calor
Olhos negros tu és romance,
Olhos negros tu és amor.

Ilusão

Moça sozinha que vaga
Pelas ruas da cidade,
Encontra tudo na vida
Menos a felicidade.
Não corras atrás de um sonho,
Não entregues tua vida,
A felicidade te espera
Aprende a viver querida.
Não queira ter uma estrela

Ao alcance de tua mão;
Seu fulgor é tão intenso,
Que fere o teu coração.
Não procuro no momento
Enganar teu coração,
Não queira voar menina
Nas asas da ilusão.
Procures viver feliz
A vida que Deus te deu,
Não queira para você
O que não pode ser teu.
Ilusão é jóia rara,
É cálice de bebida,
É sonho louco que chega,
Desperta minha querida.
Tu vives feliz cantando,
Escolheste teu destino,
Sorris esmagando rosas,
Eu sofro pisando espinhos.

ESTRELA

Olhando o céu em silêncio,
Eu procuro no infinito
A paz que anda buscando
O meu coração aflito.
A brisa leve que passa
Conduz o meu pensamento
Às estrelinhas distantes
Que brilham no firmamento.

Senhor, eu quisera ter
Paz e amor no coração,
Ser um pouquinho feliz,
Neste mundo de ilusão.
A estrela mais brilhante
Parece que compreendeu
No seu piscar incessante,
Num sussurro respondeu.
Tu serás feliz na vida,
Ajudando os infelizes.
Terás a felicidade
Fazendo os outros felizes.
Consulta o teu coração
E encontrarás com certeza.
Só quem sofre por amor,
Pode entender uma estrela.

Raio de sol

Um pequenino raio de sol
Tentava entrar, mas em vão.
Densa floresta sombria
Onde reinava a escuridão.
Lutava, lutava muito,
Enfrentava mil perigos,
Queria levar sua luz
Aos viajantes perdidos.
Pela ramagem espessa,
Apenas a solidão.
Não havia flores, nem pássaros

Na quietude da amplidão.
O vento passou brincando,
Abrindo caminho à luz
E toda a floresta sentiu
A presença de Jesus.
O sol brilhando radioso
Deu à terra o seu calor
E iluminando os caminhos,
Cobrindo os campos de flor.
O raio de sol feliz
Com as bênçãos de Jesus,
Envolveu toda a floresta
Numa cascata de luz.

Preta Véia

Preta véia foi escrava
E viveu no cativeiro,
Apanhava de chicote,
Trabaiava o dia inteiro.
Mas, mesmo assim cantava
Elevando aos céus um hino
Pra todo mundo escuitá
Na capela do divino.
Preta véia tá cansada
E parou prá descansar
Prá dá um dedinho de prosa,
Com a gente do lugar.
Má ninguém oio prá véia,
Não tiveram piedade

Me deixavam ali sozinha
Suplicando caridade.
Moço, meu sofrimento foi tanto
Por viver abandonada,
Que um dia fartaram as força
Rolei no meio da estrada.
Quando acordei meu sinhô
Já não sentia mais dô,
E todo mundo me ioava
Com carinho e muito amor.
Minha querida irmã,
Teu sofrimento acabô.
Você vai viver agora
Ao lado de nosso Senhor,
Aqui não há diferença
Para quem ama sua cruz.
Todos são filhos de Deus,
Irmãos do meigo Jesus.
Hoje a véia tá feliz
Não sofre, não chora mais.
Seu coração tá sereno
E minha alma tá em paz.

Poesia em Homenagem ao Dr. Bezerra de Menezes

Na freguesia do Riacho, do sangue do meu Jesus,
De uma família exemplar em carregar sua cruz,
Nasce o apóstolo de Cristo, resplandescente de luz.

A 29 de agosto, se fazia necessário,
1831 confirmado em dicionário
Brasil Coração do Mundo, marcou em seu calendário.
Dr. Adolfo Bezerra de Menezes Cavalcante,
Os espíritas do mundo inteiro não te esquecem um instante,
Médico, professor, político, da pobreza és amante.
O estado do Ceará foi o teu berço natal.
Para estudar medicina, foste ao Rio-capital,
Fazendo ali amizade com o Plano Espiritual.
Pronuncia aos quatro ventos, que é um espírita sério
Para ele a nossa doutrina, deixou de ser um mistério,
Transformando aquele povo da capital do Império.
Veio provar para os homens que a pobreza não importa,
Que quando estamos com Deus, a calúnia até conforta.
Com coragem e muito amor, foi abrindo todas as portas.
Meio calvo, corpo atlético, olhos verdes, manso orvalho,
Alma e coração sincero, barba e cabelos grisalhos,
Tinha Evangelho no sangue e no espírito só trabalho.
Rua 24 de maio, da capital do Império,
No começo de janeiro, ele abaixa o seu fuzil
Partindo vitorioso, 11:30 do dia 11 de abril.
Ano 1900, deixa o corpo ao mausoléu,
O seu espírito envolto na bandeira de Ismael,
Formando a sua lavoura, faz a colheita nos céus.
São Francisco Xavier guarda seus restos mortais
O seu espírito dedicado está no leito dos hospitais.
Este é um Cristão que os brasileiros não esquecerão jamais.
Deus mandou Jesus à Terra para nos dar confiança,
Codificando a doutrina, nasceu Kardec na França.
E na pátria do Evangelho, Bezerra é a nossa esperança!

Nesse mesmo período em que realizavam o curso de Aprendizes do Evangelho na Federação Espírita do Estado de São Paulo, João dedilhou a viola e Maria apresentou outro poema em homenagem à Castro Alves:

O nosso irmão Castro Alves, trazendo sabedoria,
Defendendo uma causa com amor e valentia
As armas do coração e as balas da poesia.
No seu Navio Negreiro, trouxe paz e amizade,
Como ser feliz na Terra, ele ensinou a humanidade.
Aos brancos trouxe o saber, e aos negros, a liberdade.
Recebe querido irmão, nossa sincera amizade.
Nestes versos tão lindos, só falo de tua coragem.
Quando a alforria do negro só parecia miragem
Ele nasceu em curralinho, dia 14 de março
Advogado dos negros, só vitória, não fracassos,
Antônio de Castro Alves, recebe o nosso abraço.
Segue evangelizando a nossa pequena esfera,
Sejas o disciplinador dos negros da nova era,
Ó protetor dos escravos, poeta da alma sincera.
Nós, escravos do egoísmo, do orgulho e da vaidade,
Choramos a tua ausência aos 24 anos de idade.
Para nós, você não morreu, te lembramos com saudades.
Aqueles quadros tão tristes só se encontram nos museus,
Castro Alves deixou claro aos homens dos dias meus
Que o branco, o índio e o negro são todos filhos de Deus.

Os recursos referentes aos direitos autorais com a venda desta obra serão destinados ao Centro Leão Mestre — Legião Espírita Alunos de Jesus.

MADRAS Espírita

CADASTRO/MALA DIRETA

Envie este cadastro preenchido e terá todas as informações dos nossos lançamentos, nas áreas que determinar.

Nome _____
Endereço Residencial _____
Bairro _____ Cidade _____
Estado _____ CEP _____ Fone _____
Sexo ☐ Fem. ☐ Masc. Nascimento _____
Profissão _____ Escolaridade (nível) _____
Você compra livros:
☐ livrarias ☐ feiras ☐ telefone ☐ reembolso postal
☐ outros: _____
Quais os tipos de literatura que você LÊ:
☐ jurídicos ☐ pedagogia ☐ romances ☐ técnicos
☐ esotéricos ☐ psicologia ☐ informática ☐ religiosos
☐ outros: _____
Qual sua opinião a respeito desta obra? _____

Indique amigos que gostariam de receber a MALA DIRETA:
Nome _____
Endereço Residencial _____
Bairro _____ CEP _____ Cidade _____
Nome do LIVRO adquirido: A Trajetória de Maria Galisteu

MADRAS Espírita

Rua Paulo Gonçalves, 88 – Santana – 02403-020 – São Paulo – SP
Caixa Postal 12299 – 02013-970 – SP
Tel.: (0_ _11) 6959.1127 – Fax: (0_ _11) 6959.3090
www.madras.com.br

Para receber catálogos, lista de preços
e outras informações escreva para:

MADRAS®
Espírita

Rua Paulo Gonçalves, 88 — Santana
02403-020 — São Paulo — SP
Tel.: (0_ _11) 6959.1127 — Fax: (0_ _11) 6959.3090
www.madras.com.br